RAÍCES INMIGRANTES

Historias Cautivadoras que Activarán tu Abundancia para Alcanzar el 1% Superior de Riqueza en los EE.UU.

GUILLERMO CHÁVEZ-ANGELES

RAÍCES INMIGRANTES

Este libro es una compilación de historias de numerosas personas que han contribuido cada una con un capítulo y está diseñado para brindar inspiración a nuestros lectores.

Se vende con el entendimiento de que ni la editorial ni los autores individuales ofrecen asesoramiento psicológico, legal, contable ni de ningún otro tipo. El contenido y las opiniones de cada capítulo son la expresión y opinión exclusiva de su autor y no necesariamente las de Fig Factor Media, LLC.

Para más información, contacte con:
Fig Factor Media, LLC | www.figfactormedia.com
Immigrant Roots | www.angelesbooks.com

Diseño de portada por DG Marco Alvarez
Maquetación por LDG Juan Manuel Serna Rosales

FIG FACTOR MEDIA

Impreso en los Estados Unidos de América

ISBN: 978-1-961600-62-1
No. de Control de la Biblioteca de Congreso: 2025906135

DEDICATORIA

Para mis amadas Alexa y Brielle:

Ustedes son el corazón de mi vida, la fuerza detrás de cada paso que doy. Son la luz en mi caminar. Son una parte invaluable de mí, y verlas crecer se ha convertido en mi mayor propósito y alegría.

Espero que este libro sea una luz de inspiración para ustedes y para todos aquellos que lo lean. Que las historias que encuentren en estas páginas les recuerden que no hay sueño demasiado grande ni meta imposible. Nuestros caminos, forjados en la resiliencia, la cultura y la determinación, están diseñados para alcanzar la grandeza.

Persigan sus sueños siempre con todo su ser y construyan su éxito con pasión, tenacidad y la firme creencia de que todo es posible. Recuerden que estoy aquí, apoyándolas en cada paso de su andar.

Con todo mi amor,

Su papá

TABLA DE CONTENIDO

AGRADECIMIENTOS

Ante todo, doy mi más profunda gratitud a nuestro Ser Superior, a quien conozco como Dios y que vive en lo más profundo de mi ser. Eres mi guía y mi fortaleza. Gracias por tus infinitas bendiciones, por la sabiduría para recorrer este camino y por el propósito que has puesto en mí.

A mis padres y a los padres de innumerables inmigrantes: su valentía y sacrificio son la base de todo lo que hacemos. Dejar atrás su hogar, su familia y todo lo familiar para brindarles a sus hijos un futuro mejor es un acto de amor irrecompensable. Este libro es un homenaje a su resiliencia y al legado que construyeron con su arduo trabajo y sacrificio.

A los nueve increíbles autores que me han acompañado en este viaje, no solo como colaboradores, sino como amigos, los aprecio a cada uno de ustedes. Nuestros caminos se cruzaron por una razón, y es un honor hacerlo juntos. Los elegí porque admiro su dedicación y carácter. Sigamos creciendo, esforzándonos por convertirnos en la mejor versión de nosotros mismos, compartiendo con nuestras comunidades y animando a quienes nos rodean.

A todas las personas que me han apoyado a lo largo de mi carrera: ustedes son la razón por lo cual este libro es posible hoy. No solo creyeron en mí como nuevo emprendedor y dueño de negocio, sino que también apoyaron algo mucho más grande. Raíces Inmigrantes es más que un libro; es un movimiento diseñado para brindar motivación, unidad y un recurso para inspirar a la próxima generación de emprendedores. Su inquebrantable apoyo y confianza han impulsado esta visión, y por eso les estaré eternamente agradecido.

Con gratitud,

Guillermo Chávez-Angeles

PRÓLOGO
Por Vicente Del Real

En un momento histórico donde la adversidad y la retórica negativa a menudo buscan silenciar las voces e historias de los inmigrantes, *Raíces Inmigrantes* se erige como un poderoso testimonio para quienes se atreven a soñar más allá de sus circunstancias. Basadas en la experiencia inmigrante y forjadas a través de la resiliencia, estas historias no solo reconocen la lucha de llegar a una nueva tierra, sino que también celebran la fuerza, la fe y la comunidad que surgen de ella. Este libro no solo narra dificultades personales, sino que también explora cómo los obstáculos pueden convertirse en oportunidades, y cómo estas oportunidades pueden convertirse en un camino de transformación. A través de estas historias, vemos cómo los desafíos impulsan el crecimiento, moldeando a personas que no solo superan, sino que también nos inspiran a hacer lo mismo. Mi esperanza es que tú, como lector, no solo te sientas desafiado, sino inspirado a ver los obstáculos en tu historia personal como peldaños.

Las experiencias vividas en estas páginas te ayudarán a reflexionar sobre tu propia historia personal y sobre cuántos capítulos de esta no se desarrollan como esperamos. Sin embargo, todos podemos aprender de nuestros errores y encontrar un propósito en los momentos más difíciles. Estas diez historias de *Raíces Inmigrantes* reflejan las diversas y poderosas experiencias de inmigrantes que, frente a muchos desafíos, encontraron fuerza en la fe y la comunidad. Cada historia captura un camino único: de la incertidumbre a la propiedad, del aislamiento a la comunidad, del sufrimiento al sacrificio, recordándonos que nuestras historias pueden no ser perfectas, pero eso es lo que las hace especiales.

Las historias de inmigrantes deben ser contadas porque iluminan la experiencia humana de maneras profundas. Estas narrativas arrojan luz sobre la valentía, la resiliencia y los sacrificios que definen la trayectoria del inmigrante. Al compartir estas historias, no sólo honramos las luchas y los triunfos de quienes han cruzado fronteras en busca de una vida mejor, sino que también desafiamos los estereotipos y fomentamos la empatía. Estas voces sirven como poderosos recordatorios de la fortaleza que la diversidad aporta a nuestras comunidades y de las invaluables contribuciones que hacen los inmigrantes para hacer de la sociedad un lugar mejor.

En una época en la que la retórica negativa en torno a los inmigrantes suele dominar el discurso público, *Raíces*

Inmigrantes sirve como una poderosa contranarrativa. Al destacar las profundas contribuciones de los inmigrantes a la sociedad, este libro desafía las ideas erróneas y eleva las voces que a menudo se ignoran. Estas historias no solo tratan sobre la superación de la adversidad, sino sobre el enriquecimiento de las comunidades, el impulso a la innovación y el fortalecimiento del tejido social que nos une a todos.

Al pasar estas páginas, encontrará historias de luchas y logros personales, de una fe que mueve montañas, pero sobre todo, una historia que cualquier inmigrante o descendiente de inmigrantes puede leer y con la que se puede identificar. Estas historias sirven como recordatorio de que el verdadero liderazgo nace de la compasión y que perseguir los sueños requiere tanto valentía como humildad.

Que este libro no solo te inspire, sino que también te recuerde el poder de tu propia historia y la importancia de compartir este tesoro con los demás, por el bien común, mientras caminamos juntos hacia la construcción de un mundo más justo y compasivo.

Con profundo respeto y admiración,

Vicente Del Real
Fundador y CEO

Iskali

INTRODUCCIÓN

Raíces Inmigrantes: Un Movimiento para el Cambio

Este libro es más que una colección de historias; es un movimiento. Un movimiento para cambiar la narrativa dentro de nuestras culturas, donde con demasiada frecuencia nos desmoralizamos en lugar de apoyarnos mutuamente. Es hora de romper ese ciclo. Es hora de ser el cambio.

Durante demasiado tiempo, las historias de inmigrantes se han contado solo desde la perspectiva de la lucha, en lugar de la resiliencia, la innovación y el éxito. Este libro trata sobre reescribir esa narrativa. Se trata de cambiar la mentalidad dentro de nuestras propias comunidades: priorizando la colaboración sobre la competencia, la mentoría sobre el aislamiento y el empoderamiento sobre la duda. Es un movimiento para el cambio, uno que garantiza que la próxima generación de emprendedores y líderes inmigrantes vea no solo obstáculos, sino también oportunidades.

A través de la mentoría, la colaboración y la retribución, podemos empoderar a la próxima generación de emprendedores y líderes inmigrantes. Podemos mostrarle a Estados Unidos, la tierra de las oportunidades, que los inmigrantes no solo contribuyen a la economía; somos innovadores, creadores y constructores de un futuro más sólido.

En *Raíces Inmigrantes,* encontrará diez poderosas historias de resiliencia, cada una testimonio del espíritu inquebrantable de quienes se atrevieron a soñar más allá de sus circunstancias. Cada uno de estos autores—Estefania, Tammy, Laura, Pablo, Elia, Antonio, Nancy, Teresa, Alix y Guillermo—han enfrentado momentos decisivos que pusieron a prueba su fortaleza y moldearon su trayectoria.

Para Estefania, ese momento llegó cuando se le presentó la oportunidad de comprar una empresa de construcción en quiebra, una industria que no suele ser conocida por tener propietarias mujeres. Reconstruirla no se trataba solo de salvar una empresa, se trataba de demostrarse a sí misma que podía tomar las riendas de su destino, romper ciclos de lucha y redefinir lo posible, no solo para ella, sino para todas las mujeres a las que alguna vez les han dicho que no encajan en este espacio. Esa decisión no solo la moldeó, sino que la convirtió en la líder, empresaria y defensora que es hoy.

Para Tammy, su momento decisivo llegó cuando encontró la armonía en las tres relaciones más importantes de la vida: su fe, ella misma y su cónyuge. Una vez que las puso en orden, todo cambió para mejor, no solo para ella, sino también para sus hijos, su relación con su madre, su éxito laboral y su influencia en los demás. Esa claridad se convirtió en la base de la vida y el legado que hoy construye.

Para Alix, ese momento llegó cuando tuvo que superar las dudas y superar las barreras mentales que se interponían entre él y su sueño de ser médico. Su camino no se limitó a los desafíos académicos; se trató de demostrarse a sí mismo que era capaz, que pertenecía y que podía lograr lo que antes parecía imposible.

Para Teresa, la resiliencia nació de la devastación. Cuando su negocio se incendió, dejándola sin nada, ni red de seguridad, se enfrentó a una decisión: seguir derrotada o resurgir con más fuerza. "De las cenizas, resurgí como un ave fénix, convirtiendo la pérdida en fuerza y la oscuridad en luz". Con una determinación inquebrantable, reconstruyó, demostrando que incluso en nuestros momentos más bajos tenemos el poder de recuperar nuestro futuro y emerger más fuertes que antes.

Para Laura, su momento decisivo llegó hace poco, cuando perdió a los pilares de su familia: sus padres y su hermano. Perder a su padre le hizo darse cuenta de que no era tan fuerte como creía. Perder a su madre le enseñó que cualquier plan con seres queridos debe llevarse a cabo antes de que sea demasiado tarde. Y perder a su hermano le hizo comprender que las cosas de las que a menudo nos quejamos son insignificantes comparadas con el dolor de perder a un ser querido. A pesar de todo, Laura se ha rendido a la voluntad de Dios, aceptando que la vida se desarrolla según su plan, no el suyo.

Para Elia, la resiliencia significó encontrar el valor para dejar un matrimonio infeliz y convertirse en madre soltera, desafiando las expectativas culturales y redefiniendo lo que significa valerse por sí misma. Sus inspiradoras decisiones la llevaron a crear un legado para su hija y sus nietos. Esto no solo es admirable, sino algo de lo que puede estar orgullosa y saber que su resiliencia la llevó al éxito.

Para Pablo, la transformación llegó cuando dejó de verse como una víctima y superó la mentalidad de "pobre de mí". Se dio cuenta de que sus circunstancias no lo definían, que tenía el poder de cambiar su historia. Al cambiar su mentalidad, tomó las riendas de su vida y convirtió los obstáculos en oportunidades, demostrando que la resiliencia empieza con la perspectiva.

Para Nancy, el momento decisivo llegó cuando su hermano la ayudó a poner las cosas en perspectiva. Había dudado en estudiar leyes, preocupada por su edad, pero él le recordó que el tiempo nunca debería dictar nuestras decisiones. "Tendrás treinta años de todas formas, así que tendrás treinta y serás abogada, o tendrás treinta y seguirás siendo la asistente del abogado", le dijo. Esa comprensión lo cambió todo. Entendió entonces que nunca es tarde para convertirnos en quienes estamos destinados a ser, y decidió tomar las riendas de su futuro.

Para Antonio, la resiliencia no se trataba sólo de superar un trasplante de riñón y otros problemas de salud a una edad temprana, sino de usar esas dificultades para forjar al hombre en el que se convertiría. Sus experiencias no sólo construyeron su fuerza, sino también su profunda compasión, enseñándole que cada uno lucha por su cuenta. En lugar de frenarlo, sus dificultades se convirtieron en el motor de su perseverancia y empatía.

Y finalmente, para Guillermo, la prueba definitiva llegó cuando tuvo que tomar la dolorosa decisión de declararse en bancarrota después de haber alcanzado un gran éxito profesional. Tocar fondo lo puso a prueba en todos los sentidos: su confianza, sus creencias y su resiliencia. Pero a través de esas dificultades, aprendió dos de las lecciones más importantes de la vida: el éxito material va y viene, y el fracaso no es el final, sino un nuevo comienzo. Desde el fondo, solo hay un camino: hacia arriba. Y con esa comprensión, se reconstruyó, más fuerte y sabio que antes.

La vida seguirá presentando momentos decisivos: desafíos, oportunidades y puntos de inflexión que moldean quiénes somos y en quiénes nos convertiremos. Es crucial reconocer estos momentos, prestar atención y estar dispuesto a cambiar de rumbo si es necesario. El crecimiento requiere adaptabilidad, y a veces, el camino que iniciaste no es el indicado para ti. La capacidad de aceptar el cambio y avanzar con valentía es lo que realmente define la resiliencia.

Nunca dejes de aprender, nunca dejes de crecer y siempre sigue esforzándote para alcanzar nuevas metas. El éxito no se trata sólo de talento o suerte; se trata de perseverancia, fe y la voluntad de superarse una y otra vez, a pesar de las adversidades.

Este es nuestro momento para reescribir la narrativa. Para apoyar, animar e inspirar. Para devolver el favor a quienes nos sucedan, no solo encontrarán oportunidades, sino también una comunidad que crea en su éxito.

Seamos el cambio.

HISTORIAS DE AUTORES

UNA HISTORIA DE RESILIENCIA

GUILLERMO CHAVEZ-ANGELES

"A través de todas las luchas, las dificultades y la incertidumbre, he aprendido que las mejores cosas de la vida a menudo llegan cuando menos las esperas."

MIS RAÍCES

Nací en Guadalajara, Jalisco, México, el segundo de cuatro hijos. Mi infancia estuvo llena de sencillez y la calidez de una familia, creciendo en un país donde la tradición y la comunidad eran fundamentales. Vivíamos una vida modesta, pero muy feliz. No tenía ni idea de cuánto cambiaría mi vida al crecer.

En 1995, nuestra vida familiar dio un giro inesperado. La economía mexicana colapsó y mi padre perdió sus tres trabajos. Vimos cómo nuestra vida estable se desmoronaba. Con dificultades para mantenernos, mi padre tomó la difícil decisión de irse a Chicago, con la esperanza de encontrar mejores oportunidades. Su partida fue difícil de comprender en ese momento. Solo tenía 12 años, era muy joven para comprender el peso de su decisión, pero su ausencia dejó un vacío en nuestro hogar.

Poco después, mi madre lo siguió, dejándonos a mis tres hermanas y a mí solos. Éramos solo unos niños—de 8, 12, 16 y 20 años—que intentábamos sobrevivir sin la guía de nuestros padres. No teníamos a nadie a quien recurrir, ningún apoyo familiar. Nos sentíamos completamente solos en un mundo desconocido e implacable.

A los 12 años, me dejaron con responsabilidades que superaban mi edad. Mis hermanas mayores hicieron todo lo posible por mantener unida a la familia, pero éramos solo niños, intentando encontrar nuestro camino. Tuvimos que crecer rápido. Aprendimos a cocinar, limpiar y a administrar un hogar por nuestra cuenta. Nos vimos obligados a asumir el rol de padres, a pesar de ser solo niños.

La soledad era abrumadora a veces. Extrañaba muchísimo a mis padres y a menudo me preguntaba cuándo volverían. Pero nos adaptamos. Nos apoyamos mutuamente, nuestro vínculo como hermanos se fortalecía cada día. Aprendimos a sobrevivir, a conformarnos con lo poco que teníamos y a llevar el peso de nuestras circunstancias.

CRUZANDO FRONTERAS, ROMPIENDO BARRERAS

En 1999 nos reunimos con nuestros padres en Evanston, un suburbio al norte de Chicago. Se suponía que sería un nuevo comienzo. Una oportunidad de empezar de cero en un país lleno de oportunidades. Pero la realidad se impuso rápidamente. Tenía dieciséis años, era un adolescente indocumentado y no hablaba ni una palabra de inglés.

Estaba inscrito en clases de inglés como segundo idioma (ESL) y cada día era una batalla. Me costaba comunicarme, comprender el nuevo mundo que me rodeaba. La barrera del idioma era frustrante y a menudo me sentía aislado y fuera de lugar. Quería volver a México, a la única vida que conocía, pero no podía. No tenía más remedio que seguir adelante. Pasaba los días intentando comprender mis lecciones, a mis compañeros y la cultura. Extrañaba mi hogar, pero también sentía una pasión interior. Sabía que tenía que aprender, adaptarme y hacer que esta nueva vida funcionara para mí.

Después de la preparatoria, decidí seguir los pasos de mi hermana mayor y entrar en el negocio inmobiliario. Era 2001 y el mercado inmobiliario estaba en auge. Empecé a trabajar como asesor de préstamos hipotecarios, aprendiendo los entresijos del negocio. Durante los años siguientes, alcancé el éxito y comencé a construir una vida de la que me sentía orgulloso.

LA VIDA TIENE SUS RETOS INESPERADOS

La vida tiene su forma de presentarme desafíos inesperados, y a los 21 años me enfrenté a una de las batallas más difíciles de mi vida. Lo que empezó como una infección aparentemente inofensiva, inicialmente diagnosticada como una picadura de araña, se convirtió en un largo y doloroso camino en busca de respuestas. Los síntomas persistieron y fui de hospital en hospital, buscando desesperadamente un diagnóstico.

Finalmente, decidí visitar la Clínica Mayo con la esperanza de obtener algo de claridad. Después de innumerables pruebas y consultas, me diagnosticaron con el síndrome de WHIM, un problema del sistema inmunológico poco común. Fue un momento que lo cambió todo. Posteriormente, me derivaron al Instituto Nacional de la Salud (NIH), donde comencé a recibir tratamiento especializado.

Recibir este diagnóstico fue un duro golpe. Era joven y apenas empezaba a construir mi vida, y ahora me enfrentaba a una enfermedad crónica. Tenía dos opciones: compadecerme de mí mismo, incluso considerar solicitar la discapacidad como muchos otros con mi condición, o elegir seguir adelante, seguir soñando en grande y esforzarme por alcanzar mis metas.

Elegí esto último. Me negué a dejar que este diagnóstico me definiera o dictara mi futuro. En cambio, lo usé como motivación para seguir adelante, para volverme más fuerte y resiliente. Esta experiencia me enseñó que la vida siempre encontrará la manera de sorprendernos, y que depende de nosotros cambiar el rumbo o crecer a partir de él.

UN NUEVO COMIENZO

En medio del ajetreo, la vida me ofreció una bendición. Me casé con mi esposa, y eso me dio esperanza. Mi estatus legal cambió y me convertí en residente legal de Estados Unidos. Este fue un punto de inflexión, una oportunidad por la que estaré eternamente agradecido. Me abrió las puertas para abrazar plenamente el Sueño Americano, para construir un futuro para mí y mi familia, permitiéndome alcanzar mi máximo potencial y abrazar todo por lo que había trabajado.

A principios de mis veinte, tenía varias propiedades en alquiler y mi propia casa en el centro de Chicago. Sentía que estaba viviendo el Sueño Americano. Había trabajado duro para lograrlo, y todo parecía estar tomando forma. Tenía un ingreso estable, mi propia casa y un creciente orgullo por lo que había logrado. Pero los buenos tiempos no duraron mucho. En 2007, el mercado inmobiliario se desplomó. La economía se desplomó y el mundo financiero se derrumbó. Lo que parecía una base sólida resultó ser un frágil castillo de naipes.

TOCAR FONDO Y REVELACIÓN

La crisis de 2007 fue devastadora. El mercado inmobiliario se desplomó, y con él, todo mi mundo financiero. Las propiedades que tanto me había costado adquirir se convirtieron en un riesgo. Mis ingresos se acabaron y mis deudas se acumularon. Fue como si todo lo que había construido se hubiera desvanecido de la noche a la mañana.

En un intento por proteger mi crédito y salvar lo

poco que me quedaba, agoté mis ahorros. De 2007 a 2009, gasté cada dólar que tenía para mantenerme a flote, pero finalmente, no tuve más remedio que declararme en bancarrota en 2009.

Perderlo todo fue un golpe que nunca vi venir. Creía haber tenido éxito. Creía tenerlo todo bajo control. Pero en un instante, todo se esfumó. El futuro que había construido para mí se había derrumbado. Declararme en bancarrota fue un trago amargo. Había trabajado tanto para construir algo, y ahora sentía que todo había sido en vano. No me quedaban más que deudas y arrepentimientos. Pero en medio de toda esta desesperación, recibí una noticia que cambiaría mi vida para siempre: iba a ser padre.

Al principio, me sentí abrumado. Lo había perdido todo. ¿Cómo podría mantener a mi hija si apenas podía cuidar de mí mismo? El miedo al fracaso me invadió. La incertidumbre de mi futuro me pesaba. Pero me negué a rendirme. Sabía que tenía que encontrar la manera de arreglar las cosas. No iba a dejar que mi hija creciera en las mismas condiciones que yo. Empecé a buscar mi gran oportunidad, una oportunidad para empezar de nuevo.

EL AFÁN POR LA ESPERANZA

Acepté todos los trabajos que pude encontrar. Vendí

seguros de vida, productos orgánicos y me involucré en el marketing multinivel. Hice ventas telefónicas y cualquier otro trabajo que prometiera algún tipo de ingreso. Nada parecía funcionar, pero seguí adelante. Sabía que si seguía trabajando, con el tiempo algo cedería.

De 2009 a 2014, me esforcé sin descanso. Hubo días en los que sentí que estaba dando vueltas en círculos, pero me negué a rendirme. Sabía que cada trabajo que aceptaba y cada lección que aprendía me preparaban para la oportunidad adecuada.

En 2014, finalmente conocí a un reclutador que me presentó el programa de agentes de State Farm. La idea de convertirme en dueño de mi propio negocio era algo con lo que siempre había soñado, pero nunca pensé que fuera posible. Lo sentí como una señal de Dios.

Mirando hacia atrás, me di cuenta de que todos los trabajos que había hecho en los años posteriores a la crisis me habían preparado para este momento. Las licencias que había obtenido, la experiencia en ventas que había adquirido; todo me había traído hasta aquí. No tenía que empezar de cero. Tenía las herramientas que necesitaba para triunfar.

Emprender mi propio negocio no fue fácil. Hubo momentos de duda, momentos en los que me pregunté si estaba tomando la decisión correcta. Pero sabía que no tenía otra opción. Tenía que dar el salto.

EL REGALO DE LA ADOPCIÓN

En 2020, durante la pandemia mundial, nuestra familia recibió otra bendición: el regalo de la adopción. Mi esposa y yo dimos la bienvenida a nuestra segunda hija. Este regalo, en un momento tan difícil, me recordó que incluso en los momentos más difíciles, los milagros pueden ocurrir.

El nacimiento de mi segunda hija fue un recordatorio de que la vida continúa, incluso ante la adversidad. A través de todas las luchas, las dificultades y la incertidumbre, he aprendido que las mejores cosas de la vida a menudo llegan cuando menos las esperas.

PROPÓSITO A TRAVÉS DEL DOLOR

Para cualquiera que lea esto y sueñe con tener un negocio, déjenme decirles: a veces, en los momentos más difíciles, no entendemos por qué nos sucede. No vemos el propósito detrás de la lucha. Pero siempre hay una razón. Cada adversidad, cada fracaso, nos está moldeando en las personas que estamos destinados a ser.

Para mí, esos seis años de dificultades y de búsqueda de mi gran oportunidad no fueron en vano. Me prepararon para la oportunidad que lo cambiaría todo. Las dificultades, los fracasos y los reveses, todo fue parte del camino.

Esta no es solo mi historia. Es una historia de perseverancia y resiliencia. Es una prueba de que, por muy difíciles que se pongan las cosas, se pueden superar.

CONSEJOS PARA LA RIQUEZA Y EL ÉXITO

1. **Busca Mentores Desde el Principio**
   No esperes para encontrar orientación; empieza a buscar mentores desde la secundaria o preparatoria. Aprender de quienes ya han recorrido el mismo camino puede abrirte puertas, aportarte perspectivas y ayudarte a evitar errores costosos. Cuanto antes empieces, más sólidas serán tus bases.

2. **Desarrolla una Adicción al Crecimiento**
   La riqueza y el éxito requieren un compromiso incansable con el aprendizaje y la superación personal. Desarrolla una obsesión por el crecimiento personal y la perspicacia empresarial. Cuanto más inviertas en ti mismo, más oportunidades crearás.

3. **Abraza la Espiritualidad y un Propósito Superior**
   Mantente arraigado en tu espiritualidad y conéctate con un propósito superior a ti mismo. Cuando tienes una razón para seguir luchando, ya sea la

fe, la familia o una misión personal, desarrollarás la resiliencia para superar incluso los desafíos más difíciles.

4. **Encuentra tu "por qué"**
   La riqueza sin propósito se siente vacía. Identifica tu "por qué": la razón más profunda detrás de tus metas. Ya sea crear un futuro mejor para tu familia, contribuir a tu comunidad o alcanzar el crecimiento personal, tu "por qué" impulsará tu motivación.

5. **Esfuérzate por más, pero mantén el equilibrio**
   Nunca te concentres tanto en el éxito que sacrifiques los momentos más preciados de la vida. La familia siempre es lo primero. Cuando priorizas el equilibrio, todo lo demás encajará.

BIOGRAFÍA

Guillermo Chávez-Angeles es un galardonado agente de State Farm, empresario, inversionista inmobiliario y líder comunitario. Originario de Guadalajara, Jalisco, México, Guillermo comenzó su trayectoria profesional en 2001 en el sector hipotecario, ayudando a personas y familias a conseguir su vivienda.

Durante la recesión, Guillermo ingresó al mercado inmobiliario para ayudar a los compradores de vivienda a navegar por el mercado. Se unió a State Farm en 2014 y construyó una empresa próspera con dos sucursales y un equipo de doce personas. Guillermo contribuye a su comunidad inmobiliaria e hispana como un líder dedicado en la Asociación Nacional de Profesionales Hispanos de Bienes Raíces (NAHREP), donde se desempeñó como presidente del capítulo de DuPage en 2021.

Guillermo Chávez–Angeles
México

LA ABOGADA

NANCY PIÑA-CAMPOS

"Nadie en mi familia había recorrido ese camino, y la idea parecía una estrella lejana: brillante y atractiva, pero muy lejos de mi alcance."

Cuando era niña en tercer grado, una niña nos dijo durante el recreo: "Todos, agárrense las manos y formen un círculo". Todos obedecimos, emocionados por aprender un juego nuevo. Entonces ella dijo: "Quien no sea blanco, no puede jugar". Todos miramos nuestras manos, que se tocaban unas con otras, y me di cuenta de que estaban esperando a que yo saliera del círculo. Así que lo hice. Fue un momento revelador y desgarrador en mi infancia. Hasta ese momento, nunca me había sentido diferente ni menos que los demás. Pero ese momento, junto con la vez que un niño de mi clase de quinto grado no quería que me sentara en la misma mesa del almuerzo y gritó: "¡Sal de aquí, maldito pedazo de ____ mexicana!", fue cuando me di cuenta de que era diferente.

Todo lo que me hace diferente es lo que me define como soy hoy, y no puedo explicarlo sin mencionar a mis padres, porque su historia, su cultura, su lucha y perseverancia están entretejidas en mi ser, y gracias a ello soy más fuerte. Mis padres llegaron a este país desde México con el sueño de una vida mejor, cargando con el peso de sus esperanzas y sacrificios. Trabajaron incansablemente, a menudo con múltiples trabajos, para mantener a nuestra familia y mantener su identidad cultural.

Desde muy joven, presencié los desafíos que enfrentaban: las barreras del idioma, las largas jornadas y la constante incertidumbre que conlleva ser inmigrante. Mi padre llegó solo a Estados Unidos, dejando atrás a mi madre y a mi hermano. Era arriesgado cruzar la frontera a un país desconocido sin dinero, sin hablar el idioma y sin un lugar seguro donde vivir, así que decidieron que tendría que viajar solo por el momento. Lo único que tenía era un plan: triunfar. Mi madre solía compartir historias de esa época. Cómo mi hermano miraba fotos de mi padre y lloraba hasta quedarse dormido porque lo extrañaba muchísimo. Mi padre llegó a Chicago, donde encontró trabajo barriendo talleres de autos. Esperaba ser mecánico, pero tuvo que trabajar en ello, literalmente, desde cero.

Finalmente, mi madre y mi hermano pudieron reunirse con mi padre en Chicago. Vivían en sótanos infestados de ratas y no tenían nada más que el uno al otro. Mi padre trabajaba muchísimas horas por muy poco dinero. Mi madre también trabajaba muchas horas en fábricas y luego iba a la escuela por la noche para aprender inglés. Un día, despidieron a mi padre del taller mecánico. Estaba desolado y caminaba a casa pensando en cómo iba a mantener a su familia. Se encontró con un edificio con un cartel de "se vende" y soñó con las posibilidades si tan solo pudiera comprarlo. Pero ¿cómo sería eso posible? No tenía dinero, ni trabajo, ni casa propia, pero sí resiliencia y determinación; no sabía que eso le bastaría. Un amigo le dijo que buscara un préstamo en la Administración de Pequeñas Empresas. Sabía que era una posibilidad remota, pero preparó un plan de negocios y lo solicitó. Con esperanza en su corazón, esperó noticias del préstamo y mientras tanto, ideó un nombre para su taller mecánico y diseñó su logotipo hasta que finalmente sucedió lo imposible: el préstamo fue aprobado.

Corría el año 1980 cuando mis padres compraron ese primer negocio y, un par de años después, finalmente pudieron comprar su primera casa en el barrio de La Villita de Chicago. Nací en 1983 y ese taller se convirtió en el segundo hogar de mi familia. Hoy, cuarenta y cuatro años después, mis padres siguen con el mismo taller y, además, lo ampliaron a una segunda ubicación en los años 90. El taller mecánico es realmente un negocio familiar, y todos hemos trabajado allí. Mis hermanos fueron mecánicos y luego asesores de servicio y gerentes. Yo fui secretaria en la preparatoria y luego me convertí en gerente financiera. Aunque mi padre nunca me enseñó a reparar una transmisión, lo que aprendí allí fue mucho más valioso a lo largo de mi vida. Aprendí no solo el día a día de cómo dirigir un negocio, desde la atención al cliente hasta las finanzas, sino que aprendí que para ser dueño de un negocio hay que tener un sólido sistema de apoyo y asumir riesgos. Lo que aprendí en ese taller no fue por lo que me decían, sino por lo que veía. Vi una determinación pura y una resiliencia feroz en mis padres que me inspiraron.

Estaba decidida a sobresalir académicamente, motivada no solo por mis ambiciones, sino también por el sacrificio de mis padres, y decidí ir a la universidad, la primera de mi familia en lograrlo. Me gradué con un título en inversiones inmobiliarias y finanzas. Recuerdo que un compañero me dijo que iba a estudiar derecho, y recuerdo pensar en lo orgullosos que debían estar sus padres, pero ni por un segundo pensé que algún día podría ser mi realidad. Nadie en mi familia había recorrido ese camino, y la idea parecía una estrella lejana: brillante y atractiva, pero muy lejos de mi alcance.

No estoy segura de si fue la voz de ese niño en el comedor insultándome o la niña pequeña diciéndome que no podía jugar por mi color de piel. Tal vez fueron los vecinos caucásicos que pegaban mensajes de odio en el auto de mi mamá cuando nos mudamos a un barrio "mejor", o tal vez los programas de televisión que nunca mostraban a nadie que se pareciera a nosotros siendo otra cosa que una empleada doméstica. Tal vez fue todo, pero sin darme cuenta, todas estas experiencias construyeron un muro en mi mente diciéndome que no era tan buena ni tan inteligente como el resto de mis compañeros. Dejé pasar cinco años hasta que un día, mientras trabajaba como asistente legal, le dije a mi hermano: "Quiero ir a la facultad de derecho, pero soy demasiado mayor. ¡Para cuando me gradúe tendré 30!". Su respuesta fue: "Algún día tendrás 30 de todos modos, así que o tendrás 30 y seguirás siendo la asistente del abogado o tendrás 30 y serás LA abogada". Tenía toda la razón. Así era yo, poniendo excusas y poniendo obstáculos para no poder hacerlo, pero ya era hora. Era MI hora.

Ese día volví a casa e hice mi plan. Literalmente, hice un tablero de visión. Investigué y anoté la facultad de derecho a la que iba a asistir, la puntuación que obtendría en el LSAT, el año en que me graduara; todo estaba en ese tablero. Mientras otros jóvenes visitaban facultades de derecho con sus padres, yo las visitaba con mi esposo. Era mi primer año de matrimonio y más de una vez nos dijeron que la tasa de divorcio entre los estudiantes de derecho era muy alta. Nos dijeron que sería un ambiente muy estresante y con tanto trabajo que rara vez nos veríamos. No lo sabíamos en ese momento, pero resultó ser muy cierto. Mi esposo es carpintero y, por aquel entonces, también estábamos lidiando con las consecuencias de la gran recesión. Fue una época muy difícil económicamente, pero en una época en la que realmente habría sido de gran ayuda tener dos ingresos, mi esposo nunca cuestionó mi decisión de estudiar derecho. Al contrario, me animó y me apoyó financiera y emocionalmente en cada paso del camino.

La facultad de derecho fue tan estresante como decían, pero sobrevivimos. Fue muy intensa y muchos estudiantes abandonaron el primer y segundo año, pero yo no había llegado tan lejos solo para rendirme. Durante mi último año de derecho, estaba embarazada de mi primer hijo. Nació el 8 de mayo y, de hecho, al día siguiente de dar a luz, estaba en el hospital terminando uno de mis trabajos finales. Diez días después fue la graduación y mi hijo recién nacido estaba entre el público viéndome recibir mi diploma de derecho (en realidad, estaba durmiendo, pero lo importante es que estaba allí).

Los dos meses siguientes fueron agotadores, pero este precioso bebé fue mi motivación para superar los largos días en la biblioteca estudiando para el examen de abogado y las largas noches con un recién nacido. El examen fue en julio, y son dos días completos de pruebas. Necesitamos una nueva palabra para "estresante" para describir lo que fue, porque eso ni siquiera comienza a describirlo. Dos largos meses después, en octubre, llegaron los resultados por correo electrónico. Mi bebé dormía plácidamente en el sofá y mi esposo estaba en el trabajo. Vi que el correo había llegado y recé antes de atreverme a abrirlo. Respiré hondo... "Felicidades...". Eso fue todo. Eso fue todo lo que pude leer. Caí de rodillas y lloré. ¡Ay, cómo lloré! Lloré de alegría, de alivio. Lloré de gratitud e incluso de frustración. Todos los sentimientos que había sentido durante los últimos 10 años se liberaron de mi cuerpo en forma de lágrimas. Todo había valido la pena.

Al principio trabajé en un par de bufetes de abogados porque quería familiarizarme con diferentes áreas del derecho para encontrar lo que realmente quería ejercer. Manejé casos de inmigración, derecho de familia, derecho penal y bancarrota, pero finalmente supe que quería volver a mi primera pasión, el sector inmobiliario, así que abrí mi propio bufete.

Ahora, como abogada especializada en bienes raíces, dedico mi carrera a ayudar a familias a realizar una de las transacciones más importantes de sus vidas: sus casas. Entiendo la importancia de este logro, especialmente para familias inmigrantes como la mía. Cada día, me esfuerzo por empoderar a mis clientes con el conocimiento y el apoyo que necesitan para tomar decisiones informadas, y lo hago en su idioma. Es más que una simple transacción; se trata de estabilidad, seguridad y la construcción de un futuro.

A través de mi trabajo, busco dar voz a quienes se sienten perdidos en el proceso, asegurándome de que sean tratados con respeto y justicia. Cada caso es un recordatorio de mis raíces y del camino que mi familia emprendió para construir una vida mejor. Me siento honrada de guiar a otros en sus experiencias de compra de vivienda, brindándoles el apoyo que desearía que mis padres hubieran tenido.

Mi trayectoria como hija de padres inmigrantes mexicanos no solo me ha empoderado para convertirme en abogada, sino que también ha alimentado mi pasión por servir a mi comunidad. Me esfuerzo por honrar el legado de resiliencia y esperanza que mis padres me inculcaron, asegurándome de que cada familia con la que trabajo se sienta apoyada y empoderada en su camino hacia la propiedad de una vivienda. Creo que el camino para construir un patrimonio generacional comienza con la propiedad de una vivienda. Con educación, la orientación y el liderazgo adecuados, podemos llevar a nuestras familias al siguiente nivel, y nadie podrá volver a decirnos que no podemos jugar porque ahora... ahora todos podemos jugar.

CONSEJOS PARA LA RIQUEZA Y EL ÉXITO

Embarcarse en el camino empresarial es una aventura emocionante llena de desafíos y oportunidades. Aquí tienes algunos consejos para empezar:

1. **Encuentra tu pasión**

   Tu pasión será tu mayor motivación en los momentos difíciles. Cuando realmente te importa tu trabajo, se nota y conecta con los demás.

2. **Establece metas claras**

   Define cómo se ve el éxito para ti. Divide tu visión a largo plazo en objetivos viables a corto plazo. Celebra los pequeños logros en el camino. Creé un tablero de visión que detallaba cada pequeño paso que iba a lograr en mi camino para convertirme en abogada con mi propio bufete. Si lo escribes o dibujas, ¡solo tienes que seguir tu mapa!

3. **Crea redes de contactos**

   Rodéate de personas con ideas afines. Asiste a talleres, únete a grupos de emprendimiento y conecta con mentores. Construir una red de apoyo abre las puertas a nuevas ideas y colaboraciones. A menudo nos vemos frenados por todas las voces que nos rodean de amigos y familiares que no entienden nuestra visión. No escuches a quienes no están donde tú quieres estar.

4. **Acepta el fracaso como un maestro**
   El fracaso no es el fin; es un paso hacia el éxito. Cada revés te ofrece valiosas lecciones. Analiza qué salió mal, ajusta tu enfoque y sigue adelante con la sabiduría que has adquirido.

Mantente firme y decidido. ¡Tus sueños son válidos y eres capaz de alcanzarlos!

BIOGRAFÍA

Nancy Piña-Campos es la fundadora y propietaria de Piña Law Firm, LLC. Su práctica se centra en transacciones inmobiliarias y planificación patrimonial.

Nancy se graduó de la Universidad DePaul con una especialización en Inversiones y Finanzas Inmobiliarias. Obtuvo su Doctorado en Derecho en la Facultad de Derecho John Marshall, donde fue presidenta del Grupo de Estudiantes de Derecho Inmobiliario, miembro de la Asociación de Estudiantes de Derecho Latino, miembro de Lambda Alpha International (Sociedad Honoraria para el Avance de la Economía de la Tierra) y miembro del Consejo de Honor de Defensa en Litigios. Durante este tiempo, también realizó prácticas en los Servicios de Vivienda Vecinal.

Otra experiencia laboral de Nancy incluye su trabajo como pasante judicial para la Honorable Lisa Marino del Tribunal de Circuito del Condado de Cook, División de Equidad; su trabajo como pasante legal para Clarion Associates, donde realizó investigaciones para el Proyecto de Servidumbre de Conservación Argentina; y su trabajo como voluntaria en la Clínica Legal de Violencia Doméstica. Nancy es miembro del Colegio de Abogados del Estado de Illinois y forma parte de la junta directiva de la Asociación Nacional de Profesionales Hispanos de Bienes Raíces (NAHREP), capítulo del condado de DuPage.

Tiene licencia para ejercer la abogacía en el estado de Illinois y habla español con fluidez.

Nancy vive con su esposo y sus tres hermosos hijos.

Nancy Piña-Campos
México

LA ESCUELA, LA IGLESIA, EL HOGAR

ALIX JUDE CHARLES, MD

"Había visto de primera mano que incluso si una meta parecía elevada o difícil de lograr, se podía conquistar con un plan sólido y la voluntad de trabajar duro".

Mis padres me hicieron enojar. Más específicamente, la forma en que hicieron que mi familia, y por extensión yo mismo, fuera tan obviamente diferente a todos los demás en mi vecindario y en mi escuela primaria es lo que me enojó. No quería ser diferente. Quería ser normal, como todos los demás. Quería mezclarme con el fondo y no sobresalir como una mancha de tinta negra en un tapiz. En resumen, quería ser lo que percibía como "estadounidense".

No me permitían cenar ni quedarme a dormir en casa de mis amigos. Tenía que volver a casa inmediatamente después de la escuela e inmediatamente comenzar mi tarea en lugar de jugar afuera con los niños del vecindario. Incluso si tuviera algo que quisiera hacer por mí mismo un domingo, sabía que no tendría un descanso de la rutina de la iglesia seguida del almuerzo familiar y las visitas a familiares. Me avergonzaba el inglés imperfecto de mis padres y su capacidad para hablar en un idioma diferente al de los padres de mis compañeros de escuela. Disfrutar de un partido de béisbol en el Wrigley Field con un hot dog y una coca cola en la mano era un sueño que nunca pareció posible dada mi realidad. En cambio, lo que podría esperar eran partidos de fútbol televisados en casa y comidas como cerdo frito o arroz con frijoles.

Mis padres emigraron de Haití a finales de los años 1960 para escapar del régimen opresivo de un dictador en ascenso llamado Jean Francois Duvalier. Tenían profesiones en el sector de la salud que esperaban que les ofrecieran una oportunidad de prosperidad para ellos y la familia que querían formar. En mi juventud, no podía apreciar el coraje y el desinterés que mostraban al dejar su hogar para perseguir la promesa de un futuro mejor en un país tan diferente al suyo. No pude verlo en mi juventud, pero mi derecho de nacimiento como inmigrante y los valores que lo acompañaron serían los peldaños de mi propia historia de éxito en Estados Unidos.

L'ecole, L'eglise, La kay. Traducido del criollo haitiano estas palabras significan escuela, iglesia y hogar, respectivamente. Cualquier padre inmigrante haitiano en Estados Unidos le dirá que estos tres lugares representan un mundo de opciones y un refugio contra los peligros que pueden atrapar a jóvenes desprevenidos que deambulan por el desierto de opciones que ofrece la civilización occidental. Estos tres lugares representan un ancla de coherencia que permite el paso de ideales culturales como la autodisciplina, la humildad, el respeto a uno mismo y a los demás, y el amor a uno mismo y a la comunidad. Para un joven haitiano-estadounidense que creció en las afueras de Chicago en los años 80, estos tres lugares eran vistos como limitantes y como algo que me separaba de lo que yo pensaba que eran las mejores cosas que Estados Unidos tenía para ofrecer.

A menudo he dicho que ser la primera generación en este país ofrece una perspectiva y un punto de vista ventajoso para los niños inmigrantes que a los ciudadanos estadounidenses por nacimiento a veces les resulta difícil apreciar. Mis padres provenían de un país donde la opresión política y la corrupción dentro de las filas del gobierno y el liderazgo empresarial significaban que las oportunidades estaban restringidas a unos pocos elegidos. Tener esta como su realidad les facilitó ver cuán especiales son realmente la libertad de expresión, las elecciones democráticas, los caminos abiertos al emprendimiento y el libre mercado para las empresas. Mis padres me ayudaron a ver cómo estas cosas están abiertas a todos en Estados Unidos y a darme cuenta de cuán pocas barreras existían realmente para el éxito en Estados Unidos. Si aún no puedes ver esto, espero que los capítulos de este libro te abran los ojos a estas posibilidades.

Mis padres, con sus carreras en el sector de la salud, se lanzaron al espíritu empresarial y abrieron un restaurante caribeño cuando yo estaba en mis primeros años de escuela preparatoria. Trabajé en todos los puestos en ese restaurante, desde anfitrión hasta camarero y cocinero. Comencé a aprender lecciones de negocios, cómo los cambios en los precios mayoristas de los alimentos podrían comprimir los márgenes de ganancias y cómo la consistencia en la oferta de productos puede generar clientes leales. Mis padres experimentaron las alegrías y los desafíos de ser propietarios de una pequeña empresa y yo estaba aprendiendo junto a ellos. Por muchas razones, el restaurante no tuvo éxito y finalmente cerró. Centrándome en los puntos negativos de esta experiencia, decidí que el espíritu empresarial no era para mí y encontrar un trabajo "seguro" sería mi objetivo. Decidí ir a la Universidad de Illinois Champaign-Urbana y seguir una carrera como fisioterapeuta.

Las vacaciones de invierno durante mi segundo año de universidad resultaron ser un momento crucial para mí que recordaré para siempre. Sucedieron dos cosas importantes que cambiarían la trayectoria de mi vida y me llevaron al cambio de mentalidad que sentó las bases del éxito que he logrado hasta ahora. ¡Lo primero fue que descubrí que había obtenido una calificación de "C" en una de mis clases! Para un niño que siempre se había enorgullecido de obtener calificaciones de honores en la escuela primaria y secundaria, esto fue un shock terrible. Yo era "independiente" y "adulto" y vivía lejos para ir a la escuela y solo podía culparme a mí y a mi mala ética de trabajo.

Lo segundo fue una conversación con mi primo en mi auto mientras estaba estacionado afuera del restaurante de mis padres. Estábamos hablando de planificar la carrera de nuestra vida y yo le contaba que mis planes de convertirme en fisioterapeuta iban por buen camino. Mi primo soltó una risita, lo que me llevó a preguntarle qué era tan gracioso. Él me dijo que mis motivaciones para elegir esa carrera en lugar de la facultad de medicina eran erróneas. Me dijo que me estaba limitando y que simplemente tenía miedo del nivel de compromiso de tiempo y estudio académico que requeriría para convertirme en médico. Dijo que estaba tomando un atajo en el que era casi seguro que tendría éxito en lugar de tomar un camino más largo y próspero, más difícil y que conllevaba el riesgo de fracasar. Me quedé atónito. Me había dejado al descubierto algo que yo me había estado ocultando a mí mismo, algo sobre lo que seguía mintiéndome.

Las revelaciones de las vacaciones de invierno de 1993 me enseñaron dos cosas: 1) Si dejas que tu enfoque se desvíe del camino elegido, no pasará mucho tiempo antes de que la vida elija para ti un camino muy diferente. 2) La duda y el miedo se generan desde el interior de tu mente, pero pueden tener un efecto en tu realidad cuando cambian lo que percibes como tus elecciones. Esta realidad distorsionada puede limitar tu capacidad para ver y alcanzar tu máximo potencial.

Estas dos revelaciones tienen un hilo común que se ha convertido en uno de mis consejos más frecuentes para lograr el éxito: estar dispuesto a asumir la culpa. La palabra culpa tiene una connotación negativa que molesta a las personas cuando se la asocia con ellos. Sin embargo, considero que la culpa es otra palabra para referirse a la responsabilidad. Creo que cualquier situación en la que me encuentre, merezco parte de culpa. Puede ser que yo haya iniciado una serie de acontecimientos que condujeron a la situación y, por tanto, cargue con gran parte de la culpa. Podría ser que entré en una situación al final y tenía muy poco que aportar, por lo que mi parte de culpa es menor. Cuando me encuentro como parte de una discusión o de un proyecto que no avanza como se esperaba originalmente, me detengo a preguntarme qué papel estoy desempeñando en la situación y qué cosas de mi participación han sido útiles o perjudiciales.

He aprendido que lo único que puedo controlar soy yo mismo, especialmente mis propios pensamientos, percepciones y acciones. Puedo influir en otras personas mediante lo que les digo o hago y, a veces, puedo influir en otros resultados tomando medidas contra ellos físicamente. Incluso entonces no puedo controlar completamente lo que sucede después porque esas cosas son externas a mí. Ha sido poderoso trazar esta distinción entre el yo que puedo controlar y el yo en el que sólo puedo tratar de influir, pero que no puedo controlar por completo. Cuando opero desde un lugar en el que acepto mi parte de culpa, puedo tener una visión clara de lo que debo hacer para contribuir a un resultado e, independientemente de lo que suceda al final, estoy en condiciones de aprender y crecer. Este crecimiento constante es el alma de mi éxito.

Después de las vacaciones de invierno de mi segundo año, decidí ir a la escuela de medicina. Apliqué la pluma sobre el papel y se me ocurrió un plan. Esta fue una de las primeras veces que establecí objetivos para ayudarme a trabajar desde el punto final deseado y dividí un plan en pasos individuales cuya ejecución probablemente me llevaría a mi objetivo. Planifiqué deliberadamente los cursos que necesitaría tomar en los próximos tres semestres y en qué orden, para cumplir con los requisitos de las escuelas a las que aplicaría. Una vez que comenzaba un curso, formulaba preguntas que podía hacer durante la clase. Esto fue tanto para aclarar lo que necesitaba aprender como para ayudar a que mis profesores me notaran. Pensaba deliberadamente en temas sobre los que preguntar en el horario de oficina de mi profesor después de la conferencia, lo que les mostró mi iniciativa y me facilitó influir en ellos para que me escribieran entusiastas cartas de recomendación. Puedes imaginar que otro beneficio obvio de esta atención a mis estudios fueron también excelentes calificaciones, algo más que sabía que necesitaría para ingresar a la escuela de medicina.

Abordé la preparación para el examen de admisión a la facultad de medicina (MCAT) con el mismo nivel de planificación. Tomé un curso formal de preparación para exámenes para ayudarme a concentrarme mejor en cómo se formularían las preguntas y comprender la mecánica detrás de los exámenes estandarizados. Hablé con otras personas que habían tomado el examen y les fue bien, y deduje de ellos qué trucos de estudio consideraban que los dejaban mejor preparados. Tomé exámenes simulados que fotocopié de guías de estudio en la biblioteca, perfeccionando mis habilidades para ver y conquistar la estructura oculta detrás de las preguntas de los exámenes estandarizados. Cuando llegó el momento de presentar el examen, mi preparación dio sus frutos y obtuve una puntuación muy competitiva.

A pesar de haber seguido mi plan bien trazado y haber organizado con éxito todos los elementos necesarios para ser admitido en la facultad de medicina, todavía tenía dudas. Dudaba de mi capacidad para ingresar a una escuela de primer nivel y decidí postularme solo a escuelas de Illinois. Sin duda buenas escuelas, pero ninguna de ellas en el nivel superior. Mi primo, una vez más, contribuyó a hacerme cambiar de opinión. Me dijo que aplicara a una escuela competitiva que, a través de su investigación, descubrió que era generosa con ayuda financiera y, por lo tanto, valía la pena. Estaba seguro de que no me admitirían en la Facultad de Medicina de Mayo, pero pensé en alcanzar las estrellas y ver si esto estaba en el plan de Dios para mí. Ese año, fui uno de los 4,000 solicitantes que luego fueron reducidos a 400 entrevistados, de los cuales sólo 42 fueron elegidos para convertirse en miembros de la promoción entrante. Cuando recibí una carta de ellos en el dormitorio de mi escuela, me temblaban las manos al abrirla. ¡Apenas pude contener mi alegría cuando descubrí que mi planificación y preparación habían dado sus frutos al ser uno de los 42 elegidos! Ese año, con una tasa de aceptación del 1%, la Facultad de Medicina de Mayo tuvo la tasa de admisión más baja de todas las facultades de medicina del país. Además, la carta de aceptación detallaba que me otorgarían una beca de matrícula completa, lo que significaba que me graduaría sin enormes deudas.

Nada de esto habría sucedido si hubiera sucumbido a las limitaciones que me había impuesto. En cambio, me había demostrado a mí mismo que podía ser mucho más de lo que me había atrevido a soñar. Había visto de primera mano que incluso si una meta parecía elevada o difícil de lograr, se podía conquistar con un plan sólido y la voluntad de trabajar duro. Hay una cita del gran inventor estadounidense Thomas Edison que encarna esto y me encanta compartirla con otros: "La mayoría de la gente deja pasar la oportunidad porque está vestida con un uniforme y aparenta trabajo".

La escuela de medicina es tan difícil como habrás oído que podría ser, pero con una planificación cuidadosa perseveré. Utilicé las mismas herramientas que me llevaron a la Facultad de Medicina de Mayo para conseguir un puesto de formación para convertirme en dermatólogo, una de las especialidades más difíciles de admitir. La elección de esta especialidad fue estratégica; la elegí específicamente porque vi las innumerables oportunidades que me brindaría para servir a mi comunidad, desafiarme a mí mismo para crecer y ayudarme a lograr el éxito financiero y la seguridad que conlleva. ¡Hay muchas más lecciones que aprendí a lo largo del camino y compartirlas todas contigo requeriría varios capítulos más! Mi esperanza es que lo que he compartido hasta ahora resuene contigo, el lector, y te ayude a crecer y maximizar tu potencial.

CONSEJO PARA LA RIQUEZA Y EL ÉXITO

Hay poder en comprender que NO eres tus propios pensamientos, que quién eres intrínsecamente está separado de los pensamientos que tienes. Quiero que te tomes un momento, te sientes cómodamente en algún lugar y cierres los ojos. Durante los próximos diez minutos, presta atención a los pensamientos que van y vienen en tu mente. Quiero que los observes de la misma manera que observarías automóviles y camiones yendo y viniendo cuando estás parado en una esquina. Poco a poco te darás cuenta de que no creas activamente muchos de estos pensamientos. Simplemente burbujean y entran en tu mente sin que les pidas que estén allí. Luego, durante el último minuto de este ejercicio, quiero que te imagines creciendo hasta alcanzar un tamaño gigantesco, imbuido de poderes fantásticos como la capacidad de volar o proyectar fuego desde tus manos. Cualquier poder que consideres fantástico y que haga que tu corazón se acelere. Luego abre los ojos y vuelve a entrar en el mundo. Este ejercicio puede ayudarte a darte cuenta de que, si bien no puedes controlar todos los pensamientos y emociones que entran en tu mente a lo largo de tu camino hacia el éxito, siempre puedes controlar los pensamientos que deseas crear para ti mismo. De esta manera puedes crear tu propia realidad.

BIOGRAFÍA

Alix J. Charles, MD, es un dermatólogo certificado apasionado por la atención médica dirigida por el médico y centrada en el paciente. Nacido en Chicago, Illinois, es hijo de inmigrantes de Haití. Obtuvo su licenciatura en Kinesiología de la Universidad de Illinois en Urbana-Champaign. Su carrera en el cuidado de la salud comenzó en la Clínica Mayo en Rochester, Minnesota, donde completó la escuela de medicina y parte de su residencia antes de completar su formación en dermatología en el Centro Médico de la Universidad Rush en Chicago.

Como presidente del Departamento de Dermatología de Duly Health and Care, supervisa a 17 dermatólogos y 17 asistentes médicos que forman parte de un grupo de más de 1000 médicos de múltiples especialidades que enfatiza la atención eficiente y de alta calidad al paciente en Illinois, Indiana, Iowa y Missouri. La práctica del Dr. Charles abarca dermatología médica, quirúrgica y cosmética, y atiende a pacientes tanto pediátricos como adultos.

Fue presidente de la Sociedad Dermatológica de Chicago y de la Sociedad Dermatológica de Illinois y recibió el Premio al Liderazgo Darrel J. Stremler por su papel en el crecimiento y la administración de su departamento. Tiene especial interés en los trastornos pigmentarios y los procedimientos cosméticos mínimamente invasivos que utilizan agentes inyectables y dispositivos basados en energía.

Alix J. Charles, MD

Haitiano-Estadounidense

UNA "PENJAMENSE" ALCANZANDO SUS SUEÑOS

TERESA RIOS

"Sólo tengo dos opciones: sentarme y llorar por lo que perdí o secarme las lágrimas, levantarme y seguir adelante".

Era el 20 de noviembre de 1985, en un pequeño pueblo llamado Pénjamo, en el estado de Guanajuato. Mientras los residentes celebraban la Revolución Mexicana, yo estaba esperando en una estación de autobuses, lista para embarcarme en un nuevo viaje a California con mi madre y mis hermanos, Valentín y Pedro.

Fue un gran paso para nosotros. Nunca antes habíamos viajado tan lejos. Una mezcla de emoción y tristeza llenó nuestros corazones cuando dejamos nuestra ciudad natal, sin saber cuándo regresaríamos. Estábamos ansiosos por ver a mi padre, Pedro Ríos, quien había emigrado a los Estados Unidos cuando yo tenía solo once meses y regresaba por solo dos semanas antes de regresar a su trabajo. Sus breves visitas nos habían dejado añorando su presencia.

Después de una breve espera, abordamos el autobús hacia Tijuana, el primer paso en nuestro viaje hacia una vida completamente nueva. Después de estar en el autobús por dos o tres días, llegamos a Tijuana para encontrarnos con mi tío Jesús, quien nos guiaría hasta San Diego, California.

Con sólo once años, me vi arrojada a un mundo completamente diferente. Mudarse a la casa de mi padre en Los Ángeles fue un cambio enorme, no solo por el nuevo país sino también porque estaba estableciendo una relación con mi padre que no tuve durante los primeros 11 años de mi vida, lo cual fue un desafío para mis hermanos y para mí.

A pocos días de llegar a Los Ángeles, llegó el momento de afrontar otro desafío: la escuela. Sabía que sería difícil, no porque no me gustara la escuela, sino porque no sabía una palabra de inglés. Llegó el primer día de clases y estaba extremadamente nerviosa. No podía entender a la maestra y me sentía perdida e impotente. Me sentí muy impotente al no saber cómo hacer el trabajo de clase y no saber cómo hacer una tarea, a pesar de que tenía clases de inglés como segundo idioma.

Mientras estaba en clase sentí las miradas de los otros estudiantes en el salón sobre mí, haciéndome sentir incómoda y señalada por el idioma. La maestra no fue de mucha ayuda porque no recibí su apoyo. Empecé a ver que la única forma de aprobar la clase era esforzarme más y buscar ayuda de mis compañeros que de alguna manera me reflejaban, ya que ellos también tenían la misma experiencia con el idioma.

Después de varios meses de dificultades y nuevas experiencias me sentí más segura y a partir de ese momento decidí cambiar mi vida y tomar una dirección positiva. Me di cuenta de que no sólo yo tenía dificultades para entender el idioma, sino también mis hermanos y mis padres. A partir de ese momento tomé la determinación de aprender inglés y cambiar la trayectoria de nuestras vidas. Con el paso de los años me gradué de la secundaria y continué en la preparatoria y mi inglés mejoró. Estaba lista para ingresar a la universidad, pero no tenía idea de cómo pagaría por ello. Mis padres tenían empleos con salario mínimo y les pagaban en efectivo, lo que hacía difícil demostrar sus ingresos al gobierno.

Continué buscando ayuda en la escuela con el proceso de solicitud de ingreso a la universidad y comencé a pedir información a maestros y compañeros de clase sobre cómo podía obtener ayuda para cubrir los gastos universitarios. Después de saber cómo podía recibir ayuda financiera para la universidad, solo era cuestión de esperar a recibir una respuesta de la solicitud universitaria que había enviado. Después de varias semanas recibí la aceptación de la Universidad Estatal de California en Los Ángeles, uno de mis mejores logros.

A partir de ese momento sentí que estaba en el camino correcto. Empecé la universidad y asistí durante dos años. Para poder cubrir los gastos del mes, trabajaba medio tiempo en un restaurante de comida rápida. Fue allí donde conocí a mi esposo, Roman. Después de unos meses de noviazgo, nos casamos y le dimos la bienvenida a nuestra primera hija, Roxana.

Después de dos años de universidad, tuve que salirme porque estaba esperando un hijo. Después de dar a luz y ser ama de casa, sentí que no estaba alcanzando mi potencial, así que decidí volver a ingresar a la fuerza laboral. En aquella época, algunos de mis hermanos estaban fundando su propia empresa de tarimas. Me acerqué a ellos y les pregunté si necesitaban ayuda en la oficina. Estuvieron de acuerdo y comencé a trabajar con ellos, aunque no tenía ningún conocimiento previo de la industria.

Después de años de trabajar con ellos, decidí iniciar mi propia empresa de tarimas en julio de 2013. Fue una de las decisiones más arriesgadas que he tomado, ya que mi esposo renunció a su trabajo para apoyarme en esta nueva empresa. Después de lograr un progreso significativo en la industria de las tarimas y formar un equipo sólido con mis empleados y mi familia, pudimos ahorrar suficiente dinero para comprar un pequeño terreno para obtener las materias primas para nuestras tarimas de madera. Entonces decidimos comprar otra casa.

En agosto de 2019 nos mudamos a nuestra nueva casa. Todo parecía ir bien hasta que una repentina crisis de salud lo cambió todo. Después de un examen médico de rutina, tuve un accidente que me llevó a cuidados intensivos durante dos semanas. Estar hospitalizada fue una de las experiencias más difíciles de mi vida. Mi familia también luchó con mi enfermedad y los desafíos de mantener a flote el negocio familiar, ya que yo siempre había sido la principal persona a cargo. Afortunadamente, mi familia aprendió a administrar el negocio y lo mantuvo avanzando mientras yo me recuperaba.

Fueron días increíblemente estresantes. Fue entonces cuando me di cuenta de que lo más importante en la vida es nuestra salud. Después de unas semanas, pude regresar a la empresa y seguir adelante. La empresa estaba creciendo y tuvimos que contratar más gente. Es fácil perder el control de un negocio en crecimiento, pero estaba decidida a mantener las cosas encaminadas. Mientras trabajaba para mejorar la empresa, tuve un accidente en nuestra propiedad y me rompí el tobillo. Tuve que operarme y pasé casi seis meses en rehabilitación. Fue un momento realmente difícil, pero estaba agradecida de estar viva. Le di gracias a Dios por ayudarme a seguir adelante, sin importar los obstáculos que se me presentaran.

Sabía que todavía había mucho por lograr. Mis sueños estaban lejos de terminar y estaba decidida a lograrlos. La empresa estaba prosperando y estábamos experimentando un crecimiento importante. Sin embargo, la vida tenía otros planes. El 26 de febrero de 2021 recibí una llamada de un vecino que vivía cerca de la empresa, avisándome que nuestro negocio estaba en llamas.

Eran alrededor de las cuatro de la mañana cuando recibí la llamada. El incendio comenzó en un callejón cercano y rápidamente se extendió a una empresa de colchones, luego a otra empresa de tarimas y finalmente a la nuestra. Salimos corriendo y tratamos de salvar lo que pudimos antes de que llegaran los bomberos. Desafortunadamente, cuando llegamos ya todo estaba destruido. Nuestro inventario de tarimas y madera se había acabado, e incluso perdimos una querida mascota. Fue una pérdida devastadora.

Sin embargo, seguimos adelante. Mi familia y yo no teníamos tiempo que perder porque nuestros clientes estaban esperando sus productos y no podíamos darnos el lujo de perderlos también. Después de quedarnos sin nuestra sede, nos quedamos sin una oficina formal y tuvimos que usar nuestro automóvil como oficina temporal. Sabía que teníamos que encontrar otras formas de seguir adelante. Recibí varias llamadas de amigos y colegas de la industria de tarimas, y me ayudaron enviando a mis empleados para mantener la producción mientras recaudaban fondos para la empresa.

Nunca olvidaré a un proveedor en particular que me vendía regularmente tarimas que había recogido en otros lugares. El día del incendio, vino y quedó impactado al ver la destrucción. Me miró y dijo: "¿Qué pasó? Todavía estás trabajando, a pesar de que todo se ha ido. ¡Eres tan fuerte! Si yo estuviera en tu lugar, estaría llorando y devastado, pero continúas como si nada hubiera pasado".

Le dije: "Sólo tengo dos opciones: sentarme y llorar, o secarme las lágrimas y seguir adelante". Quedó realmente impresionado por mi resiliencia.

La gente me apoyó dándome una mano durante uno de los momentos más difíciles de mi vida. Por supuesto, el apoyo incondicional de mi familia fue invaluable. Tener el apoyo de mi esposo, mis hijas y mi hijo significaba que no podía rendirme. Siempre me han visto como una luchadora y esta situación no me impediría seguir adelante.

Después de unos meses difíciles, continuamos reconstruyendo Tere Pallets Corp. Desafortunadamente, no teníamos seguro en el momento del incendio. Sabía que el camino por delante no sería fácil sin apoyo financiero, pero estaba decidida a empezar de nuevo.

Después de varios años de arduo trabajo y de aplicar las lecciones que la vida me ha enseñado, sigo adelante con el negocio familiar. Valieron la pena los sacrificios que hicimos. En diciembre de 2023, pudimos comprar una nueva propiedad para ayudarnos a seguir adelante con nuestra empresa.

La vida presenta muchos desafíos, tanto personales como profesionales. La forma en que elegimos enfrentar estos desafíos depende de nosotros. Recuerde, Dios no nos da más de lo que podemos manejar.

La vida me ha enseñado a nunca rendirme, lo cual aprendí desde muy joven. Esta resiliencia me ha ayudado a superar innumerables desafíos. Como dice el refrán: "Nunca sabes lo fuerte que eres hasta que ser fuerte es la única opción que tienes".

CONSEJOS PARA LA RIQUEZA Y EL ÉXITO

- Apuesta siempre por ti mismo y asume riesgos que te preparen para el éxito.
- No tengas miedo de invertir financieramente en ti mismo.
- Alimentar un fuerte sistema de apoyo basado en la reciprocidad.
- La resiliencia es clave al iniciar tu propio negocio.
- Practica el cuidado personal con regularidad para desarrollar la resiliencia con el tiempo.

BIOGRAFÍA

Teresa Rios es una emprendedora originaria de Guanajuato, México, y fundadora de Tere Pallets Corp. Con más de tres décadas de experiencia en la industria de tarimas, se ha consolidado como una figura líder en tarimas y una de las pocas mujeres en el campo. Su experiencia y dedicación a la industria han impulsado el éxito de Tere Pallets Corp., convirtiéndola en una proveedora global confiable de soluciones de tarimas de alta calidad.

Más allá de sus actividades profesionales, Teresa es una madre dedicada y disfruta pasar tiempo de calidad con su familia. Le apasiona retribuir a la comunidad y apoya activamente varias causas benéficas, en particular aquellas centradas en la educación y la sostenibilidad ambiental.

Teresa Rios
Mexico

IMPARABLE: MI CAMINO AL ÉXITO

LAURA RODRIGUEZ

"Los obstáculos solo te moldean."

A veces me detengo a pensar en el futuro que podría haber tenido si mi familia no se hubiera mudado a Estados Unidos. Mi futuro parecía predeterminado. Casarme joven, a los 15 años, criar hijos y trabajar en el campo día tras día. Era un ciclo de pobreza y silencio. Las opciones en nuestra ciudad rural de Tampico, México, eran limitadas y los sueños eran un lujo que nadie podía permitirse.

Recuerdo que la vida era difícil mientras mi madre

cuidaba de sus 10 hijos, incluyéndome a mí y a mi padre, que trabajaba en Estados Unidos enviando el poco dinero que podía. Mi madre vendía queso fresco y yo la ayudaba vendiendo chiles en un tren de pasajeros. La vida se trataba de sobrevivir, no de ambición. La educación era escasa, y aunque tuve la suerte de ir a la primaria, enfrenté dificultades con el entorno y las figuras de autoridad. Incluso de joven, sabía que la vida debía ser más que nuestra simple realidad.

Afortunadamente, cuando tenía 11 años, finalmente emigré con mi familia a Chicago. Mi padre y algunos de mis hermanos mayores ya vivían en Chicago y finalmente me tocó a mí. Se habían ido para buscar una vida que nos diera más de lo que teníamos en México. Mudarme a Estados Unidos fue uno de los mayores regalos de Dios para mí, aunque estuvo lleno de obstáculos.

UN MUNDO NUEVO, UNA DURA REALIDAD

Cuando bajé del avión en Chicago, solo llevaba una maleta, las oraciones de mi madre y un corazón lleno de esperanza. Pero la esperanza por sí sola no sería suficiente para afrontar las dificultades que me esperaban.

Empecé la escuela en Prospect Heights, un suburbio de Chicago, y era la única latina en la escuela. No hablaba inglés ni sabía nada de las costumbres estadounidenses.

Esto me convirtió en presa fácil de los acosadores de la escuela, quienes me hablaban en inglés sabiendo que no podía entenderlos. Las risas de mis compañeros resonaban en mis oídos, agudas y humillantes. No entendía sus palabras, pero sí sus intenciones. Me ridiculizaban y eso terminó en muchas peleas en la escuela.

El acoso era implacable. Los estudiantes se burlaban de mi acento, pateaban mis libros y me humillaban. Me sentía aislada e impotente. Pero el dolor se convirtió en mi motivación. Convertí mi dolor en poder. Me negué a dejarme vencer. Decidida a aprender inglés, estudiaba día y noche. Me quedaba despierta practicando inglés, leyendo libros en voz alta, imitando palabras de la televisión. En seis meses, podía pararme frente a mi clase y hablar con fluidez. Todo cambió. Por fin podía defenderme, no solo con palabras, sino con confianza.

SUEÑOS BLOQUEADOS, ESPERANZA INQUEBRANTABLE

Por suerte, mi preparatoria fue un poco más diversa. Aunque la escuela se volvió más fácil, seguía sin tener muchas opciones. Tenía que trabajar mientras estudiaba para ayudar con los gastos familiares. Además, era indocumentada, ya que mi visa de turista había expirado hacía mucho tiempo. Esto dificultó mi ingreso a la universidad, ya que no podía obtener ayuda financiera. Cualquier clase que tomara tendría que ser pagada en su totalidad. Tampoco pude unirme al ejército, ya que no tenía ciudadanía americana. Sin embargo, seguí trabajando, buscando maneras de hacer realidad mis sueños.

De joven, soñaba con ser periodista. Me veía en la televisión como reportera y una periodista exitosa. Sin embargo, esos sueños pronto se desvanecieron a medida que se interponían más y más obstáculos. Estaba decidida a no dejar que estos contratiempos me impidieran alcanzar el éxito en este país. Pronto descubrí que los obstáculos son solo una forma de moldearte.

Después de la preparatoria, comencé a trabajar en varios empleos para ayudar a la familia. Desde empleada de fábrica hasta cajera y camarera, lo intenté todo. Nada me hacía sentir bien, hasta que un día encontré trabajo de cajera en un banco. Trabajaba a tiempo completo durante el día y los fines de semana, y por las tardes iba a la escuela. Incluso con dos trabajos, solo me alcanzaba para ayudar a mis padres a pagar el alquiler, el tren que tomaba a la universidad en Chicago y regresar a casa a medianoche. Era agotador. Casi todas las noches, solo podía permitirme unas papas fritas de McDonald's de

$0.99 para calmar el hambre. Sin embargo, ni el hambre ni el agotamiento pudieron con mi determinación. Sabía que estaba destinada a más, y no pararía hasta lograrlo.

Trabajar en el banco me abrió las puertas a un mundo de posibilidades. Allí conseguí muchos clientes nuevos. Llegaban confundidos sobre hipotecas, préstamos comerciales y puntuaciones crediticias, y me sentí deseosa de ayudarlos. Mi habilidad para traducir no solo español, sino también el lenguaje financiero, me hizo invaluable. No solo cobraba cheques; abría puertas. Cuando ascendí de cajera a banquera, me di cuenta de que tenía el don de guiar a otros hacia la independencia financiera. Algo que también anhelaba desesperadamente para mí. Trabajar en el banco me abrió las puertas a un mundo de posibilidades. Anhelaba la independencia financiera y emprender mi propio camino.

CONVIRTIENDO LAS DIFICULTADES EN FORTALEZA

La vida como inmigrante indocumentada tuvo muchos obstáculos. Una vez, a los 17 años, mientras visitaba a mi familia en Arizona, me arrestaron en una redada de inmigración. Como no tenía la identificación correcta, me llevaron a la cárcel, donde pude hacer una llamada a uno de mis hermanos para que me ayudara. Las esposas metálicas estaban frías en mis muñecas mientras me subían al autobús. Miré a mi alrededor: rostros endurecidos, ojos hundidos, hombres murmurando en voz baja. No era una delincuente, pero allí estaba, encadenada entre ellos, con mi destino incierto. El autobús se detuvo con un chirrido y, sin decir palabra, nos empujaron hacia la frontera cerca de Nogales. El desierto se extendía ante mí, vasto y desconocido. Mi corazón latía con fuerza mientras rezaba para que mi familia viniera a buscarme. Nunca me había sentido tan sola. Por suerte, mi cuñado, que era ciudadano estadounidense, vino a buscarme para llevarme a casa. Recé para que mi estatus migratorio cambiara después de esta experiencia.

EL PODER DE LA PERSEVERANCIA

En 1992, mi perseverancia dio sus frutos: obtuve la residencia. Cinco años después, me convertí en ciudadana estadounidense. Ese momento lo cambió todo. Ya no estaba atada a ninguna limitación. Era libre de perseguir mis sueños.

Con los años, mi padre vio cuánto me esforzaba. Al principio, no entendía mi ansia de independencia. "Una mujer necesita que la cuiden", decía, sacudiendo la cabeza mientras yo hacía malabarismos con varios trabajos y estudios. Pero con el paso de los años, me vio construir algo de la nada.

En 1996, a los 23 años, compré mi primera casa. Mi padre se quedó en la puerta, en silencio durante un largo rato. Luego, con lágrimas en los ojos, susurró: "Estoy orgulloso de ti". Supe entonces que finalmente comprendía por qué había luchado tanto. Me dijo que deseaba haberme apoyado más al principio de mi carrera, pero quién sabe si estaría donde estoy hoy si no hubiera enfrentado ciertos desafíos. Creo que estas cosas suceden por una razón y suceden como Dios lo planeó.

En 1997, di un salto de fe y empecé mi propio negocio. Era un riesgo, pero no tenía nada que perder y mucho que ganar. Una clienta de mi banco me animó a obtener mi licencia de agente inmobiliario. Me dijo que me gustaba ayudar a los demás. Fue entonces cuando empecé a encontrar mi verdadera vocación. Pude ayudar y guiar a familias no solo para que alcanzaran el sueño americano de tener una casa propia, sino para que pudieran hacer las cosas bien. Un sueño que mis padres no pudieron alcanzar por falta de orientación. Mi trayectoria inspiró a otros a mi alrededor. Uno de mis hermanos y varios amigos siguieron mis pasos y se convirtieron en agentes inmobiliarios. Otros dos hermanos dejaron sus trabajos en fábricas para emprender sus propios y exitosos negocios de inspección de viviendas.

En el año 2000, mi hermana Elia y yo decidimos unir fuerzas para emprender nuestro propio negocio. Ambos habíamos presenciado las dificultades que nuestros padres habían enfrentado en este país, especialmente en materia de impuestos, asesoramiento financiero y servicios legales. Debido a esas dificultades, decidimos emprender un negocio que ayudara y guiara a nuestra comunidad. Abrimos nuestra primera oficina de contabilidad, Alianza Hispana, Inc. Hoy celebramos nuestro 25.º aniversario y contamos con cuatro prósperas sucursales en Wheeling, Hanover Park, Elgin y Round Lake. Construimos más que un negocio; forjamos un legado de esperanza y oportunidades.

CONVIRTIENDO EL DOLOR EN PROPÓSITO

La vida me puso a prueba una y otra vez. En 2016, falleció mi padre. Luego, en 2021, falleció mi madre. Fue doloroso, pero mis padres nos habían enseñado resiliencia y responsabilidad. En 2022, la tragedia me golpeó una vez más: mi hermano murió en un accidente automovilístico. Quedé destrozada. Mi mundo se detuvo. La familia lo es todo para mí. Estoy casada y tengo dos hijos, y el miedo a perderlos me abrumaba. Pero la vida se trata de amar lo que haces y apreciar a tus seres queridos. Sabía que tenía que seguir adelante.

En septiembre de 2022, mi hermana y yo lanzamos la primera marca de Vino Mexicano en Chicago, un proyecto dedicado a la memoria de mi padre. Era más que un negocio; era un homenaje a los sacrificios que hicieron mis padres. Queríamos reconocer el legado de nuestro padre que continúa con nuestra familia.

Mirando hacia atrás, cada adversidad, cada revés, cada momento de duda fue parte de un plan más grande. La niña que una vez se sintió perdida en una tierra extraña se convirtió en una mujer que forjó un legado para su familia. Soy la prueba de que ningún sueño es demasiado grande, ningún obstáculo demasiado grande. Tengo un hijo, Sebastián, y una hija, Laura Daniela, y al verlos forjar sus caminos, espero que vean que con fe, resiliencia y determinación inquebrantable, todo es posible.

¿Por qué algunas personas triunfan y otras no? La respuesta está en la fe y la perseverancia. Los sueños crean caminos. Debes creer en el cambio y, sobre todo, tener fe. No dejes que nada ni nadie te detenga. Si tienes las herramientas, sigue adelante. Si es difícil, encuentra la manera de cambiarlo.

Mi fe en Dios me ha ayudado a llegar a donde necesitaba ir a lo largo de mi camino. Un versículo bíblico que me recuerda el plan de Dios es: “Encomienda al Señor todas tus obras, y él afirmará tus planes" (Proverbios 16:3). A menudo hacía planes, pero no siempre eran lo que Dios tenía en mente para mí. Sin embargo, sus planes me trajeron hasta donde estoy ahora. Él vio un camino que no podría haber imaginado de niña viviendo en México. Estoy agradecida por todos los obstáculos que superé para llegar a donde estoy hoy.

Para Sebastián y Laura: tendrán arrepentimientos. Eso es parte del crecimiento, pero hay más razones para estar agradecidos. Nuestro pasado no nos define. Necesitamos seguir adelante, o tal vez nunca encontremos lo que realmente necesitamos. Hay un plan para nosotros, pero debemos estar abiertos a recibirlo. Esto no significa que sea fácil. Deben tener fe y trabajar duro para lograr lo que esperan lograr. Simplemente no se sorprendan si su destino cambia; todo es parte del camino.

CONSEJOS PARA LA RIQUEZA Y EL ÉXITO

Una cosa que he aprendido de mi experiencia es que el estatus no te define. Lo que soy hoy puede parecer pequeño para algunos, pero monumental para otros. Lo que realmente importa es cuán grande o pequeño te ves a ti mismo. Podemos esforzarnos para lograr grandes cosas. Cuando dejamos que los tecnicismos nos detengan, podemos perder oportunidades que se nos presentan.

Nunca hay un momento perfecto. A menudo tropecé con obstáculos, pero seguí adelante. Aunque no pude ir a la universidad de la manera tradicional, pude encontrar maneras de pagar mis clases y superarme. Todo esto me preparó como emprendedora para resolver los problemas que encontré en el camino.

BIOGRAFÍA

Laura A. Rodríguez es una mujer de negocios latina orgullosa y afortunada. Laura ha sido dueña de un negocio por más de 27 años en el área metropolitana de Chicago.

Laura comenzó su primer negocio como agente de bienes raíces independiente en 1997, y posteriormente, en el año 2000, fundó Alianza Hispana Inc., junto con su hermana. El negocio ofrece servicios de apoyo a la comunidad hispana, guiando a los clientes en la preparación de impuestos, la certificación de documentos legales y la compra de viviendas. Esto ha ayudado a la comunidad hispana a superar las barreras del idioma y acceder a servicios que les permiten alcanzar el sueño americano. Después de 25 años, cuentan con más de seis mil clientes y cuatro sucursales en Wheeling, Hanover Park, Elgin y Round Lake.

Además de ser dueña de su propio negocio, Laura ha sido una de las principales productoras de bienes raíces para empresas como Century21 y Re/Max, y ahora planea abrir su propia oficina inmobiliaria. Le motiva ayudar a los demás, ofreciendo a quienes estén dispuestos a hacerlo la oportunidad de alcanzar el éxito y trabajar para formar equipos eficientes utilizando habilidades interpersonales y técnicas.

Actualmente, es voluntaria y ha sido miembra de numerosas organizaciones, como la Asociación Nacional de Profesionales Hispanos de Bienes Raíces (NAHREP), la Cámara de Comercio Hispana del Noroeste y el Club Rotario de Wheeling.

Laura Rodriguez
Mexico

UN SALTO DE FE

ELIA RODRIGUEZ

"Tuve que creer que había algo más allá afuera y encontré la fuerza para seguir adelante."

Soy una inmigrante mexicana nacida en Tampico, Tamaulipas. Soy la sexta de diez hermanos que sobrevivieron, de un total de catorce. Estoy casada con el amor de mi vida, soy madre de una hija y abuela de cuatro nietos (una niña y tres niños).

Viví y crecí en un pequeño pueblo de Tamaulipas, en una humilde casa de madera de dos habitaciones que carecía de muchos servicios básicos, solo contaba con electricidad. Ubicada a cinco kilómetros de la carretera principal, caminaba esa distancia a diario para tomar el autobús que me llevaba a la escuela para las clases de secundaria y preparatoria, un viaje de unos 45 minutos por cada trayecto.

Debido a las dificultades económicas, las oportunidades eran limitadas y el esfuerzo por mejorar implicaba un sacrificio constante. Mis padres, en su afán por educarnos y mantener a nuestra numerosa familia, emigraban periódicamente a Estados Unidos, donde trabajaban durante periodos de uno a dos años. Gracias a la residencia permanente obtenida por uno de mis hermanos mayores a través de su ciudadanía, ellos podían ir y venir, siempre con el objetivo de sustentar a sus hijos.

A los 14 y 16 años, en dos ocasiones distintas, mis padres tuvieron que dejarme a cargo de mis hermanos menores bajo la frágil protección de mis abuelos maternos, pensando que estaríamos a salvo porque nuestra casa estaba cerca de la suya. Todo esto ocurrió mientras mis padres trabajaban incansablemente en Estados Unidos, ahorrando lo que podían para construirnos una casa mejor y seguir pagando mi educación. Había sido aceptada en la universidad y podría haberme convertido en la primera graduada universitaria de la familia. El plan de mis padres representaba la esperanza de un futuro mejor, aunque cada separación era un tremendo sacrificio para todos.

Esas ausencias se convirtieron en tiempos difíciles, no solo por las separaciones familiares, sino también por los riesgos y peligros que enfrentábamos debido a nuestra corta edad. Asumí la responsabilidad de cuidar a mis hermanos, de 12, 10 y 8 años, mientras asistía a la escuela. Sin embargo, a pesar de las separaciones físicas, el amor y la unidad familiar siempre prevalecieron, valores que se mantienen firmes hasta el día de hoy.

Estar solos nos expuso a muchos peligros. Fue durante una de esas ausencias que mi hermano menor sufrió un accidente, que afortunadamente no tuvo consecuencias fatales. Dada la gravedad de la situación y viendo el riesgo que corrían sus hijos, mis padres tomaron la trascendental decisión de regresar a México, no para seguir construyendo nuestra casa, sino para llevarnos a todos a Estados Unidos en busca de una mejor calidad de vida y vivir juntos como familia sin más separaciones.

Esa decisión fue, sin duda, una de las más valientes que tomaron mis padres. Fue un cambio radical que transformó nuestras vidas, abriéndonos las puertas a las muchas oportunidades que ofrece este gran país y permitiéndonos finalmente vivir juntos como una familia unida en busca de un futuro mejor. Sin embargo, para mí, esta no fue la mejor noticia en ese momento. De hecho, esta nueva realidad se sentía como una amenaza para todo lo que había logrado hasta entonces. Ya estaba en la universidad y me había enamorado.

Este fue uno de los mayores retos de mi vida. Tuve que interrumpir mis estudios de Contaduría Pública y Administración de Empresas. Mi meta siempre había sido graduarme y trabajar para ayudar a mis padres, quienes habían sacrificado tanto para pagar mi educación. Sin embargo, debido a la decisión de mi padre, emigré a Estados Unidos el 23 de julio de 1984. Esta mudanza no solo significó dejar atrás al amor de mi vida, sino que también me impidió terminar mi carrera.

Así, mi vida dio un giro inesperado. Ante un futuro incierto, sentí una mezcla de incertidumbre, tristeza y miedo, pero también esperanza y entusiasmo por nuevas oportunidades y el calor familiar, aunque esto llegó a costa de los sueños que dejé atrás y mi romance de entonces. Siempre he sido una persona soñadora con aspiraciones. Aunque no estuve de acuerdo con la decisión de mi padre, reconozco que este país me ha dado la oportunidad de alcanzar muchos logros y cumplir mis sueños. Sin embargo, el camino no fue fácil. No saber inglés y la falta de orientación al principio fueron obstáculos importantes.

Cuando llegamos a Estados Unidos y nos instalamos en un apartamento, me di cuenta de que matricularse en una universidad o colegio era muy difícil. Había que cumplir muchos requisitos, especialmente el dominio del inglés, y la educación era costosa. No teníamos los recursos económicos necesarios, y para mis padres, estudiar no era una prioridad. Lo importante era que mis hermanos mayores y yo trabajáramos para contribuir a los gastos del hogar mientras mis hermanos menores continuaban sus estudios.

Trabajé en varios empleos. Mi primer trabajo fue en una fábrica de cables en Chicago, donde ganaba $3.35 la hora en 1984. Un año después, dejé el trabajo para trabajar como ama de llaves en el Hotel Embassy Suites en Schaumburg. Era un trabajo duro, pero pagaban mejor, $4.80 la hora.

Empezando desde abajo, siempre estuve decidida a aprender y ascender gradualmente a mejores puestos en cada trabajo que tuve. Por ejemplo, pasé de ama de llaves a supervisora de habitaciones, de ensambladora de fábrica a control de calidad, y finalmente a asistente del contador público Don Ramón. Fue entonces cuando me di cuenta de que la vida me llevaba a cumplir mi pasión, lo que había estudiado y siempre me había gustado hacer: contabilidad empresarial.

Poco después de mudarme a Estados Unidos, conocí a mi esposo y tuve una hija. No tardé en darme cuenta de que el matrimonio no era una sociedad. Me vi incapaz de alcanzar mis propios sueños de educación y una carrera profesional fuera de mi familia. Él literalmente se interpuso en mi camino cuando intentaba irme a presentar un examen, obligándome a quedarme en casa y reprobar. Después de 14 años de un matrimonio difícil, me divorcié.

Este divorcio significó un cambio a otra etapa de mi vida y una nueva realidad. Ahora estaba sola con una hija y tenía que luchar por nuestro futuro financiero, pero al mismo tiempo, uno emocionalmente más saludable para ambas. En busca de libertad y estabilidad financiera, no solo me preparé para obtener una licencia de corredora hipotecaria, sino que también decidí emprender mi propio negocio de contabilidad. Con los conocimientos adquiridos durante mis estudios en México y la experiencia adquirida como asistente de contabilidad, me arriesgué. El contador para el que trabajaba me animó a emprender mi propio negocio.

En octubre de 2000, junto con mi hermana y socia, Laura Rodríguez, y con un préstamo de un familiar, fundamos Alianza Hispana Inc., una empresa dedicada a la preparación de impuestos para pequeñas empresas y particulares. Además de servicios de contabilidad, incorporamos otros servicios esenciales como notario público, agencia de viajes, seguro de auto y más, brindando la orientación y el apoyo que los inmigrantes, como nuestros padres, necesitaban al llegar a este gran país.

Al principio, compaginaba la administración de mi propio negocio con el trabajo de agente hipotecario y la venta de ollas y sartenes. Los días eran largos, pero estaba generando algo para mí. Sabía que por eso nos habíamos mudado a este país, porque nos daba la oportunidad de construir algo propio. Ahora que mi hija ya es mayor, forma parte del negocio familiar y administra una de las sucursales. Lo que he creado nunca fue solo para mí, sino algo que puedo transmitir a las futuras generaciones.

Hoy, nos hemos expandido y operamos en cuatro ubicaciones, atendiendo a una base de más de 6000 clientes. Esta sólida base financiera nos permitió a mi hermana y a mí lanzar oficialmente ELLA Wines & Imports Corporation en 2022, una empresa dedicada a la importación de vinos de México con nuestra propia marca. Esta nueva empresa nació para honrar la memoria de nuestro padre, nuestro héroe.

A pesar de enfrentar muchos desafíos al principio, principalmente la falta de recursos financieros suficientes para emprender mi negocio, sumada a la discriminación que sufrí, especialmente durante mi matrimonio anterior, donde se me impusieron obstáculos como mujer que obstaculizaron mi progreso educativo, profesional y empresarial, perseveré. Siempre ha habido obstáculos, pero ha dependido de mí encontrar la manera de superarlos. Incluso en mis momentos más difíciles, antes de mi divorcio, tuve que creer que había algo más allá afuera y encontrar la fuerza para seguir adelante.

Mi resiliencia y determinación para tomar las riendas de mi vida y construir mi propio destino me han permitido superar los miedos que tenía al llegar a este país, que ahora considero mi hogar. Esto marcó un punto de inflexión, enseñándome que recuperar mi autoestima, mantenerme enfocada en mis sueños y enfrentar cada desafío con valentía son pasos fundamentales para seguir adelante. Con fe en Dios y un corazón lleno de gratitud por las oportunidades que he recibido, he aprendido a celebrar cada logro, grande o pequeño, como testimonio de la verdad de que todo es posible cuando se arraiga en la mente y el corazón de quienes enfrentan desafíos similares.

Hoy, como orgullosa ciudadana de los Estados Unidos, entiendo que las barreras más difíciles no son externas, sino las que creamos nosotros mismos con nuestros miedos, inseguridades y dudas. Liberarnos de esas limitaciones internas es lo que realmente nos permite alcanzar nuestro máximo potencial.

CONSEJOS PARA LA RIQUEZA Y EL ÉXITO

Mi mayor consejo para la riqueza y el éxito es poner amor en todo lo que hagas. Nunca me centré en el éxito. Me centré en el amor: amor por mi familia, amor por mi comunidad. Quería brindarle una vida mejor a mi hija, que ella pudiera transmitir a mis nietos. Ese es mi mayor éxito: saber que lo que hice perdurará a través de ellos.

Recuerda siempre que puedes hacer lo que quieras. Lo importante es seguir encontrando la manera de seguir adelante. Cuando tenía tres trabajos, solo me enfocaba en seguir adelante. No pensaba en cómo algún día podría ser una emprendedora exitosa con dos negocios. Concentrarme en lo que podía hacer en el momento por mis seres queridos me ha traído hasta donde estoy ahora.

BIOGRAFÍA

Elia Rodríguez es emprendedora y cofundadora de Alianza Hispana Inc., una firma de contabilidad con cuatro sedes: Wheeling (fundada en 2000), Hanover Park (2003), Elgin y Round Lake Heights (2018).

En noviembre de 2021, entró en la industria del vino al cofundar ELLA Wines & Imports Corporation con su hermana, empresa que se lanzó oficialmente en septiembre de 2022. Esta marca de vinos ofrece vinos artesanales provenientes exclusivamente de viñedos de Baja California, México. Este logro pionero llevó a The Daily Herald a reconocerla como las "Primeras Mujeres Latinas en Poseer una Marca de Vino en Chicago en 2022".

Elia es Originadora de Préstamos Autorizados en Emerald Mortgage Corp. Forma parte del Comité Asesor de la Cámara de Comercio Hispana del Noroeste. Anteriormente ocupó el cargo de Directora de Asuntos Gubernamentales para el Capítulo del Condado de DuPage de la Asociación Nacional de Profesionales Hispanos de Bienes Raíces (NAHREP) y completó un mandato de dos años como Presidenta de la Cámara de Comercio Hispana del Noroeste.

Elia Rodríguez
México

UN LEGADO DE DETERMINACIÓN, GRACIA Y SOLIDARIDAD

Las hermanas Elia y Laura Rodriguez no nacieron en una familia adinerada ni recibieron una guía clara para el éxito. Lo que sí heredaron fue algo mucho más poderoso: el esfuerzo, la determinación y los valores inquebrantables que les inculcaron sus padres inmigrantes. En el año 2000, impulsadas por los desafíos que enfrentó su familia al llegar a Estados Unidos, Elia y Laura fundaron Alianza Hispana Inc., una firma de preparación de impuestos y servicios generales dedicada a ayudar a su comunidad a navegar por los mismos sistemas que antes parecían inaccesibles para su propia familia.

En ese momento, ambas hermanas eran solteras y Elia criaba a su hija como madre soltera. Conseguir financiación no fue fácil, y los prestamistas tradicionales no estaban dispuestos a arriesgarse con ellas. Sin embargo, se apoyaron en la fe y en la familia, consiguiendo un préstamo del cuñado de su hermana mayor para hacer realidad su sueño. No fue solo un préstamo comercial; fue un voto de confianza, una señal de que, incluso con las adversidades en su contra, no estaban solas.

Trajeron consigo conocimiento, educación y experiencia, pero aún más importante, un gran coraje.

Alianza Hispana se creó no solo para ofrecer servicios, sino para brindar esperanza. Con el tiempo, esa esperanza se multiplicó. Lo que comenzó como una pequeña empresa ahora se ha convertido en cuatro sedes, dos de las cuales pertenecen a las propias hermanas. Gracias a Alianza, lograron algo con lo que generaciones anteriores solo habían soñado: libertad financiera y, con ella, la capacidad de soñar a lo grande.

En 2016, tras el fallecimiento de su querido padre, las hermanas se sintieron conmovidas al honrar al hombre que les había enseñado el valor del trabajo duro, el amor y el sacrificio. Reflexionaron profundamente sobre la mejor manera de celebrar su legado. El resultado fue más que un simple negocio: fue un sentido homenaje. En 2022, Elia y Laura lanzaron ELLA Wines & Imports Corporation, convirtiéndose en las primeras latinas en tener una marca de vinos en Chicago.

Gracias al crecimiento constante de su primer negocio, Alianza Hispana, las hermanas finalmente pudieron comprar una bodega para apoyar la distribución de sus vinos. Es algo de lo que están profundamente orgullosas, especialmente porque han podido pagar la totalidad del edificio y el vino sin depender de préstamos.

Sus vinos, importados de algunos de los viñedos más célebres de México, son un símbolo de celebración, de amor, de herencia y de una promesa cumplida a su padre.

Hoy, ELLA Wines & Imports Corporation y Alianza Hispana Inc. se erigen como dos referentes de resiliencia, visión y hermandad. No son simplemente negocios: son declaraciones audaces de que las mujeres inmigrantes pueden construir imperios, que el amor por la familia puede moldear el futuro y que retribuir a la comunidad es uno de los legados más poderosos de todos.

CONVERTIR LOS OBSTÁCULOS EN ESCALONES PARA EL ÉXITO

PABLO SARMIENTO

"Cada contratiempo es una oportunidad para aprender y cada obstáculo es una oportunidad para crecer".

No recuerdo mucho de mi infancia en Ecuador, e incluso las piezas que me vienen a la mente no son tan vívidas. Por lo que recuerdo, había caminatas largas y sinuosas hacia y desde la escuela, a veces en el calor y otras bajo la lluvia. Era una vida tranquila, marcada por la rutina. Las mañanas empezaban temprano, mi hermana y yo recogíamos nuestras cosas y recorríamos las entonces familiares calles de nuestro vecindario. Las vistas y los sonidos de Ecuador se convirtieron para mí en un constante ruido de fondo: las risas de los niños jugando afuera, los olores de los vendedores ambulantes de comida que vendían de todo, desde empanadas hasta plátanos fritos, y los colores vibrantes de los mercados llenos de vida. Aunque mis padres no estaban físicamente conmigo, me sentía conectado con mis raíces.

Pero esa conexión era un arma de doble filo. Al principio, mis padres tomaron la difícil decisión de dejarnos a mi hermana mayor y a mí en Ecuador mientras ellos se llevaban a mi hermanito y se aventuraban a este lugar lejano llamado América. No entendí completamente lo que estaba pasando en ese momento; todo lo que sabía era que mis padres se habían ido y nosotros todavía estábamos aquí. Fueron en busca de algo mejor, algo más grande. Este lugar del que hablaban con tanta esperanza y determinación, Estados Unidos, estaba destinado a ser la tierra de las oportunidades, donde los sueños se hacían realidad. Se fueron con el objetivo de llegar a casa. Pero para mí mi hogar era Ecuador. Mi hogar eran las calles por las que caminaba, el idioma que hablaba y las personas con las que crecí.

La ausencia de mis padres fue dura. Crecer en un país alejado de ellos significó un vacío importante en mi vida. No tenía la confortabilidad de las cenas familiares donde todos podíamos sentarnos alrededor de la mesa y compartir historias sobre nuestro día. No hubo salidas de fin de semana, ni vacaciones familiares, ni padres que me acostaran por la noche cuando me sentía asustado o solo. Sólo éramos mi hermana y yo. Tuve que aprender rápidamente a afrontar esa ausencia. Tenía que depender de mí mismo, de mi rutina diaria de ir a la escuela y volver a casa. No era la vida que soñaba, pero era la vida que conocía.

Esa vida en Ecuador duró hasta que estuve en segundo grado. Y entonces, de la nada, todo cambió. De repente, ya no estaba en el único lugar que alguna vez había conocido como mi hogar. Me desarraigaron, me sacaron de Ecuador y me arrojaron a un mundo completamente nuevo que no se parecía en nada a lo que había experimentado antes. No me mudé simplemente a una nueva casa o a un nuevo vecindario: me mudé a un país completamente nuevo con una cultura, un idioma y una forma de vida completamente diferentes. Estados Unidos ya no era esa idea abstracta de la que habían hablado mis padres: era mi realidad. Pero no fue sólo Estados Unidos; era Pilsen, un barrio vibrante pero duro en el lado sur de Chicago.

Venir a Estados Unidos fue un choque cultural, por no decir otra cosa. Mi lengua materna, el español, ya no encajaba en el nuevo mundo al que tuve que acostumbrarme. El amistoso "hola" que había usado todos los días en Ecuador fue reemplazado por "hello". “Casa” se convirtió en “home”, y Ecuador se convirtió en un recuerdo lejano mientras navegaba por esta vida extraña y acelerada en Estados Unidos. Y, como si eso no fuera suficientemente difícil, me enviaron a segundo grado, solo que esta vez, en una escuela estadounidense donde no conocía el idioma, la cultura ni a nadie a mi alrededor.

El segundo grado fue increíblemente difícil. De hecho, fue tan duro que tuve que repetir año. No fueron sólo los aspectos académicos los que fueron difíciles, sino toda la experiencia de tratar de encajar cuando todo a mi alrededor me parecía extraño. El salón de clases estaba lleno de niños que hablaban inglés con fluidez y aquí estaba yo, luchando por entender incluso las instrucciones más básicas. Me sentí como un extraño. Me sentí perdido. Pero, mirando hacia atrás, esa experiencia me hizo más fuerte. Me hizo adaptable. Supongo que se podría decir que me convertí en un experto en segundo grado, después de haberlo pasado dos veces. Cuando llegué al tercer y cuarto grado, había comenzado a encontrar mi equilibrio.

Hice amigos, me instalé en el vecindario y comencé a aprender las complicaciones de mi nuevo entorno.

Pero aunque había empezado a adaptarme, las cosas no fueron fáciles. Crecer en el lado sur de Chicago tuvo sus propios desafíos. Cuando todavía era un niño, al tratar de superar las pruebas habituales de la infancia (intimidación, presión de grupo y adaptación) hubo una capa adicional de dificultad. Yo era el único niño ecuatoriano en una escuela llena de estudiantes predominantemente mexicanos. Eso me distinguió, me hizo diferente y, a los ojos de algunos niños, me convirtió en un objetivo. El acoso se convirtió en una constante y con él llegó la presión de encajar, de pertenecer.

Mudarse mucho dentro del barrio tampoco ayudó. Estábamos en constante movimiento, y con cada mudanza, me encontré cruzando los límites invisibles pero muy reales entre territorios de pandillas rivales. La violencia de pandillas estaba bastante presente en la cultura de Chicago en ese momento, y aunque yo era solo un niño, ya me paraban en los pasillos de la escuela y me preguntaban a qué pandilla representaba. La presión era real. Tuve que tomar decisiones que no quería tomar, pero siempre tuve la sensación de que tenía que elegir un bando, aunque nunca quisiera hacerlo.

Cuando entré a la escuela preparatoria, ya había estado expuesto a más cosas que la mayoría de los niños de mi edad. Mis padres hicieron lo mejor que pudieron, pero también estaban tratando de navegar sus nuevas vidas en Estados Unidos. Mi mamá trabajaba muchas horas en una fábrica y mi papá tenía un trabajo de limpieza en el centro. Estaban enfocados en darnos una buena vida, pero eso significó que yo no siempre tuve la orientación o el apoyo que necesitaba durante mis momentos más difíciles. Empecé a llevar a casa cartas académicas: avisos de detención, malas notas y llamadas de profesores sobre mi comportamiento. Mis padres no sabían cómo manejarlo y no los culpo. Estaban haciendo lo mejor que podían con las herramientas que tenían. Ellos también eran nuevos en esta vida.

Las cosas llegaron a un punto crítico durante mi primer año de preparatoria. Un día, un estudiante de segundo año se me acercó y empezó una pelea. No recuerdo todos los detalles de lo que condujo a esto, pero sí recuerdo las consecuencias: otra llamada a casa. Esta vez mi mamá decidió que algo tenía que cambiar. Empezó a llevarme a nuestra iglesia local, donde conoció un programa para jóvenes con problemas en Omaha, Nebraska. Y así, mi vida estaba destinada a cambiar nuevamente. No sabía qué esperar, pero estaba dispuesto a intentarlo.

Casi al mismo tiempo que comencé el programa juvenil en Nebraska, mi padre recibió una noticia devastadora: le habían diagnosticado cáncer después de colapsar en el trabajo. El diagnóstico fue un shock, pero mi papá siguió adelante, siguió trabajando y todos esperábamos lo mejor. Me concentré en el programa, decidido a hacerlo funcionar para poder regresar a casa y ser mejor. Pero unos meses después de comenzar el programa, recibí la llamada que temía: mi padre había fallecido.

Me concedieron permiso para asistir a su funeral y después de eso regresé al programa. Pero las cosas habían cambiado. Yo había cambiado. El dolor me pesaba mucho, pero sabía que tenía que seguir adelante. Quería terminar el programa, para enorgullecer a mi papá, pero cuando cumplí 17 años, me dieron la opción de salir anticipadamente. Si me quedaba, me garantizaban una beca completa para la Universidad de Nebraska. O podría optar por irme. Entonces lo hice. Dejé el programa sin comprender del todo lo que esa decisión significaría para mi futuro. Regresé a casa, a Chicago, y me encontré cayendo más profundamente en la mentalidad que tenía antes.

Estaba en un callejón sin salida. Sentía que mi vida estaba fuera de control y no podía ver una salida.

Recuerdo estar tan atrapado en mi cabeza cuando una voz me llegó. Su nombre era Phelps. Él fue quien me hizo darme cuenta de que no era demasiado tarde, que aún podía cambiar las cosas. Recuerdo haberle dicho lo desesperado que me sentía, que pensaba que mi vida había terminado, y él simplemente dijo: "Todo está bien". Esas palabras se quedaron conmigo. Me hicieron darme cuenta de que no tenía por qué definirme por mis errores del pasado. Todavía podría tomar el control de mi vida y cambiar su curso. Todavía pienso en Phelps y en cómo esa conversación cambió mi perspectiva.

A partir de ese momento comencé a tomar diferentes decisiones. Dejé de andar con las personas equivocadas. Dejé de sentir lástima por mí mismo y de hacerme la víctima. Quería más de la vida y estaba dispuesto a trabajar por ello. A lo largo de mi viaje, he aprendido que la mentalidad es clave. Es la base sobre la que descansa el éxito o el fracaso. No puedes esperar a que la vida cambie por sí sola; debes trabajar activamente para moldear tu perspectiva, tus hábitos y tus respuestas a los desafíos que enfrentas.

Estaba decidido a superar las circunstancias de mi pasado y el entorno en el que crecí. Me di cuenta de que para hacerlo tenía que invertir en mí mismo de todas las formas posibles. Comencé a centrarme en el crecimiento personal: leer libros, asistir a talleres y buscar mentores que pudieran guiarme en el camino. Desarrollé la disciplina para establecer metas y cumplirlas. Fue entonces cuando realmente comencé a comprender la importancia del bienestar mental, emocional y espiritual.

El emprendimiento, como la vida, es un juego mental. Es necesario ser resiliente, adaptable y aprender constantemente. Iniciar mi propio negocio fue una de las cosas más difíciles que he hecho en mi vida, pero también me enseñó más sobre mí mismo. Me demostró que soy capaz de superar obstáculos, no sólo porque estoy decidido, sino porque he entrenado mi mente para ver esos obstáculos como oportunidades de crecimiento.

A medida que mi vida cambió de sentirme como un perdedor y sentirme desesperado, poco a poco comencé a ver cambios positivos en mi vida. Ahora me había posicionado con nuevos amigos y conocidos. Durante este tiempo de cambio tuve el privilegio de conocer a una joven hermosa, dulce, amable e inteligente llamada Gina Díaz que hoy es mi esposa. Conocer a Gina en este momento de mi vida me cambió la vida, no solo porque tenía a alguien a mi lado que me inspiró a ser la mejor versión de mí mismo, sino porque sentí el amor verdadero por primera vez.

Juntos nos embarcamos en el mundo del emprendimiento y aprendimos a navegar por el mundo de los negocios y vimos lo importante que es contar con un equipo sólido y unido.

Hoy, gracias a las lecciones, retos, errores y oportunidades puedo decir que he encontrado la felicidad y el éxito. Mirando hacia atrás y viendo todo lo que he sido capaz de lograr me ha puesto realmente en un camino que me gustaría haber tenido cuando era niño.

He logrado obtener mi licencia de corredor gerente, invertir en bienes raíces no sólo para mí sino para mis hijos, y liderar Hispanic Investor Network entre otros. Mi vida ha cerrado el círculo, ya que ahora soy capaz de ser el líder y alguien a quien los demás admiran, justo lo que necesitaba cuando estaba pasando por tiempos difíciles.

El viaje de Ecuador a Chicago, y de joven perdido a emprendedor, no fue lineal. Estuvo lleno de altibajos, momentos de duda y momentos en los que cuestioné todo. Pero a través de todo esto, aprendí que la clave del éxito radica en cómo manejas los desafíos que te presenta la vida. Cada contratiempo es una oportunidad para aprender y cada obstáculo es una oportunidad para crecer.

La lección más importante que he aprendido es que el éxito no se trata sólo de ganancias financieras o logros profesionales, sino de crecimiento y realización personal.

Se trata de construir algo que se alinee con tus valores y aporte valor a los demás. Se trata de crear una vida en la que puedas estar orgulloso no sólo de lo que has logrado sino también de quién te has convertido en el proceso.

En última instancia, mi historia no se trata sólo de emprender o superar la adversidad; se trata del poder del espíritu humano para adaptarse, crecer y prosperar. Se trata de darte cuenta de que tu pasado no te define y que tu futuro está determinado por las decisiones que tomas hoy. Se trata de comprender que el éxito no es un destino final, sino un viaje continuo de aprendizaje, crecimiento y convertirse en la mejor versión de uno mismo.

CONSEJOS PARA LA RIQUEZA Y EL ÉXITO

Convertirse en un empresario exitoso es difícil y no lo endulzaré. Todo lo que valga la pena lograr requiere trabajo duro, sacrificio y perseverancia. Habrá desafíos, y muchos de ellos pueden ser los que tú mismo crees, como lo hice yo. Superar esos obstáculos autoimpuestos fue el primer paso de mi viaje. Para seguir adelante, tuve que dejar de verme como una víctima. Tuve que cambiar mi forma de pensar y ver la vida como algo que funciona a mi favor, no en mi contra. Este cambio de perspectiva no fue fácil y algunos días todavía no lo es. Sin embargo, he aprendido que tu forma de pensar lo es todo. Tienes que trabajar activamente para controlar tus pensamientos y emociones porque moldean tu forma de ver el mundo y lo que puedes lograr. El éxito no llega de la noche a la mañana y ciertamente no llega sin lucha. La inversión más importante que puedes hacer es en ti mismo: mental, emocional e incluso espiritual. Un estado mental positivo no sólo hace que la vida sea más fácil de manejar; crea la base para todo lo que se desea lograr. Recuerda, la personalidad determina tu realidad. Cuando inviertes en cultivar una perspectiva positiva, descubrirás que tu mundo externo comienza a cambiar de maneras que no podrías haber imaginado.

BIOGRAFÍA

Pablo, nacido en Ecuador y criado en Chicago, es un orgulloso padre de tres hijos y le apasionan los bienes raíces, la salud y el ejercicio. Superó desafíos importantes a temprana edad y estas experiencias moldearon su resiliencia y determinación.

Con más de 15 años en la industria de bienes raíces, Pablo es el corredor gerente de Diaz Case Realty. Su éxito como agente inmobiliario a tiempo completo lo llevó a convertirse en un inversionista inmobiliario y ahora es el fundador y director ejecutivo de Investor GC. Esta empresa de contratación general ayuda a otros inversores con sus necesidades de contratación.

Los años de experiencia de Pablo le han permitido desarrollar una sólida cartera de bienes raíces, pero su impacto se extiende más allá de su negocio. Está profundamente comprometido a retribuir a su comunidad, en particular asesorando a hombres jóvenes que carecen de figuras paternas. A través de su guía, les ayuda a encontrar dirección y éxito en la vida. La energía, el entusiasmo y el liderazgo de Pablo lo convierten en un destacado en su industria, mientras que su dedicación para ayudar a los demás lo convierte en un miembro valioso de la comunidad. Su capacidad para ayudar a otros mientras continúa haciendo crecer su carrera define el tipo de líder y modelo a seguir que se esfuerza por ser.

Pablo Sarmiento
Ecuador

HECHA EN COREA: CONSTRUIDA EN EE. UU.

TAMMY KIM HAJJAR MILLER

"El éxito no se trata solo de lo que ganas, sino de lo que das."

EL PESO DE CINCO MANTAS

La noche antes de partir de Busan, Corea del Sur, mi madre empacó cinco mantas coreanas, gruesas y pesadas. Olían a las oraciones de nuestros antepasados, al aire lluvioso del mercado, a los sueños susurrados que mi madre nunca expresó en voz alta. Cada pliegue era cuidadoso, deliberado, como si guardara algo sagrado: recuerdos que solo podíamos llevar en nuestros corazones, una tierra familiar a la que no podríamos regresar.

Dejamos atrás una vida que la gente habría envidiado: negocios exitosos, calles familiares, vecinos que nos conocían desde que nací. Un hogar con vistas a la ciudad, donde la luz de la mañana se filtraba por las ventanas como oro líquido. Pero la envidia es algo frágil, fácilmente destrozada por las agudezas de la realidad.

Mi madre sabía que en Corea, una hija de ascendencia estadounidense siempre se enfrentaría a una puerta que se negaba a abrirse del todo. Las miradas, los susurros, el juicio tácito que flotaba en el aire como humo denso: esos eran los muros invisibles que se construían a nuestro alrededor, apretándonos con más fuerza con el paso del tiempo. Así que hizo lo que tenía que hacer, se adaptó. Recogió lo que pudo cargar, no solo las mantas, sino su inquebrantable voluntad, y subimos a ese avión con destino a Estados Unidos.

No sabía si íbamos en busca de una vida mejor. Solo que nos íbamos en busca de una vida. Para ella, sobrevivir nunca se trató de querer más, sino de tomar lo que teníamos y moldearlo en un legado del que nuestros antepasados se enorgullecerían.

LA MONEDA DE LA DETERMINACIÓN

Chicago, en el invierno de 1976, era una fuerza implacable; el viento cortaba nuestros abrigos de invierno a la moda como para recordarnos que éramos forasteras. Mi madre se había vestido para los suaves inviernos de Corea, no para el frío glacial y el viento helado del Medio Oeste. Pero el clima era la menor de nuestras preocupaciones; nuestra prioridad era sobrevivir.

Mi madre aceptó un puesto de camarera en Kinzie Steak House, donde el peso de una bandeja en su brazo se convirtió en el peso de nuestro futuro. Trabajaba largas jornadas, llevando platos humeantes con comida que jamás probaría, sonriendo a los clientes cuyo idioma no entendía del todo. Sus manos, antes adornadas con anillos de su vida en Corea, ahora estaban callosas debido a los turnos dobles. Todas las noches, después de su turno, tomaba el autobús de la línea 36 de Broadway para volver a casa y luego se sentaba a la mesa de la cocina a contar sus propinas, separándolas en montones ordenados.

"Mitad para hoy, mitad para mañana", murmuraba, casi como una plegaria. Recuerdo haberle preguntado sobre eso un día. Me miró con ojos firmes: "No se trata de cuánto ganas, sino de cuánto conservas. El dinero es como el tiempo, Tammy, nunca ves cuánto has desperdiciado hasta que no te queda nada".

Para 1979, su disciplina se convirtió en un establecimiento físico. Compró su primer edificio en Estados Unidos, un edificio de tres plantas con un restaurante en el sótano, un local comercial en la primera planta y nuestra casa en la segunda. No había coche ni lujos, solo largas caminatas en busca de la próxima oportunidad y una oración silenciosa para que la concentración y el sacrificio continuos se convirtieran en algo más grande.

A los cinco años, aprendí números viendo a mi madre contar el cambio en el mercadillo de Maxwell Street. Mi primera aula fue un puesto improvisado de camisetas serigrafiadas. Mi primera serie dramática fue ver a unos delincuentes distraer a mi madre a un lado de su expositor mientras su compañero robaba al otro. No estaba aprendiendo a deletrear "emprendedor", pero estaba viviendo su significado: observando, absorbiendo, sabiendo que la supervivencia era una ecuación de riesgo y adaptación.

Mi madre nunca se consideró empresaria, pero ahora sé que era una auténtica Jefa: estratega, economista, negociadora, mucho antes de que yo comprendiera el significado de esas palabras.

Las lecciones de una tienda de comestibles estadounidense

Para 1984, nuestro negocio se había convertido en Happy Food Spot, una tienda de comestibles de barrio enclavada en el barrio de Lincoln Square. El nombre no era solo optimismo; era estrategia. "A los estadounidenses les gusta ser felices", razonaba mi madre, como si un nombre por sí solo pudiera atraer prosperidad.

Esa tienda se convirtió en mi segundo hogar. Hacía mis deberes entre los pasillos de la leche y el pan, y memorizaba las preferencias de los clientes antes de aprender álgebra. Nuestro mundo se medía en recuentos de inventario y en los botones de la caja registradora.

"Siempre debes pensar en la gente, en cómo actúa", me recordaba mi madre mientras reponía los estantes. "Pueden cambiar de opinión muchas veces, pero hay algo que siempre es igual: comen. Y cuando se acaba la comida, necesitan comprar más."

Cuando las grandes tiendas como Jewel-Osco y Dominick's amenazaron nuestra existencia, mi madre aceptó el reto. "No tienen lo que nosotros tenemos", dijo con tranquilidad y confianza. "Conocemos a la gente. Los vemos. Los escuchamos." Dio un giro: empezó a traer comida especial de Alemania, Suiza y Francia, e incluso añadió servicios de entrega a domicilio antes de que fuera algo habitual. Claro, yo era la repartidora. Ella entendía algo que ningún libro de texto de negocios podría enseñar: el dinero sigue al servicio.

Pero la vida no son solo negocios. Te da lecciones inesperadas, lecciones que no encajan perfectamente en un libro de contabilidad. En 1990, cuando tenía dieciséis años, descubrí que estaba embarazada.

REDEFINIENDO EL SUEÑO AMERICANO

Nunca había visto a mi madre tan perdida como cuando descubrió que estaba embarazada. Ni cuando se fue de casa, ni cuando trabajaba turnos de dieciséis horas, ni siquiera cuando el negocio iba lento. "¡Qué tonta! ¿Cómo pudiste echarlo todo a perder?", ladró, con la voz cortante, pero los ojos húmedos por las lágrimas contenidas.

Su pregunta no era crueldad. Era dolor. Era miedo. La noticia destrozó sus sueños. Para mí, fue un desafío. Y lo acepté.

Me mudé, conseguí un trabajo en Baker's Square y compaginé la maternidad con los estudios. La gente me miraba y veía a una chica con un futuro arruinado. Lo que no veían era la mujer en la que me estaba convirtiendo: la que se graduaría de la escuela preparatoria Saint Ignatius a tiempo, con mi hija, Cheyenne, entre el público. Me negué a dejar que las circunstancias me definieran.

Había heredado la determinación de mi madre. Y ahora, era mi turno de construir algo más grande.

EL PODER DE LA REDIRECCIÓN

Mi primer semestre en la Universidad de Loyola fue un desastre. Luché. Fracasé. Y quería desaparecer. Pero renunciar no era una opción. Así que seguí adelante. Me matriculé en el Harold Washington Community College, trabajé a tiempo completo como secretaria legal y construí mi educación en los pequeños intervalos de tiempo entre el trabajo y la maternidad.

Para 1997, me gradué de la Universidad DePaul con una especialización en contabilidad y una especialización secundaria en finanzas. Era más que un diploma, era la prueba de que la bebé era una bendición. De que tenía lo necesario. De que mi historia sería mía para escribirla.

Tras años de trabajo, adaptación y aprendizaje, en 2005 encontré mi verdadera vocación profesional: el sector hipotecario. Por primera vez, todos esos años reponiendo estanterías, cuadrando libros y leyendo las necesidades de la gente cobraron sentido. No solo vendía hipotecas, ayudaba a otros a encontrar su parte del sueño americano.

Pero los sueños personales a menudo dan giros inesperados. Dos semanas antes de cumplir 40 años, mi matrimonio terminó.

EL SEGUNDO CAPÍTULO

Empezar de cero a los 40 no estaba en mis planes. Pero, claro, tampoco lo estaba convertirme en madre adolescente.

Dios, qué curioso es.

A los 43, me casé con Bernie.

Un hombre que no solo entendía mi historia, sino que quería construir el siguiente capítulo conmigo. Juntos, fusionamos nuestras familias, nuestras ambiciones, nuestro empuje. Cheyenne, Isabel, Henry, Nicholas, Harrison—nuestros hijos—se convirtieron en el corazón de nuestro hogar, un testimonio de que la familia no solo se construye con sangre, sino con amor que se demuestra.

Y juntos, construimos algo más grande. No solo forjamos carreras profesionales, sino un matrimonio millonario, basado en la fe, la ejecución y la convicción de que la pareja adecuada es la base de una vida vibrante y próspera.

A los 50, superé lo que una vez creí imposible: alcanzar ingresos de siete cifras, donar más de $100,000 a obras benéficas y demostrar que el éxito no consiste sólo en lo que ganas. Se trata de lo que das.

UN LEGADO EN MARCHA

Mi madre se jubiló en 2005 de la única manera que sabía, con clase y estilo. Compró un condominio de un millón de dólares en la Avenida Michigan y un auto de lujo que reflejaba los años de sacrificio que había acumulado.

Su vida sigue siendo un ejemplo de aventura, contribución y corazón. Ha viajado a más de 60 países y, hace unos años, donó su casa en Corea (valorada en $2 millones) a la Iglesia Católica, asegurando que madres solteras y niños huérfanos tuvieran un lugar donde crecer.

Su imperio no se construyó con privilegios. Se construyó con cinco mantas coreanas, 300 dólares y una voluntad inquebrantable. Ahora, veo ese mismo fuego en mis hijos. Llevan el legado del sueño de una inmigrante, entretejido en su ADN, susurrando que nada es imposible.

A menudo me preguntan cómo lo logré, cómo lidié con la maternidad adolescente, construí un negocio multimillonario, forjé una segunda oportunidad en el amor. La respuesta es simple: nunca dejé de avanzar.

La vida no está hecha para vivirse con vacilación. Está hecha para vivirse plenamente: con determinación, con propósito, con la firme convicción de que los mejores capítulos siempre están por venir.

Y ahora, te pregunto, ¿qué sueño susurra en tu interior?

Tu futuro te llama. Contéstale, no dejes que siga sonando.

Gracias por permitirme compartir el viaje con el que Dios me ha bendecido hasta ahora - ¡y espero escuchar el tuyo algún día también! Hasta que nuestros caminos se vuelvan a cruzar, te dejo con mi lema de vida: "Diviértete, Genera Dinero y Haz la Diferencia."

CONSEJOS PARA LA RIQUEZA Y EL ÉXITO

10 Consejos Clave para una Vida Exitosa:

1. Ama con más intensidad
2. Lee a diario
3. Reza con tu familia
4. Sueña en grande
5. Trabaja con empeño
6. Busca asesoramiento profesional
7. Sé generoso y amable
8. Mantén tu casa ordenada
9. Viaja por el mundo
10. Sin salud, no hay riqueza

BIOGRAFÍA

Tammy Kim Hajjar Miller es una emprendedora líder, experta en hipotecas, coach de negocios y triatleta que ha cimentado su éxito sobre la base de la resiliencia, la visión y el trabajo duro, valores que aprendió de primera mano como inmigrante criada por una madre soltera decisiva. En 1976, Tammy y su madre emigraron de Corea del Sur con poco más que un sueño y una ética de trabajo inquebrantable. Al ver a su madre construir una cartera inmobiliaria desde cero, Tammy desarrolló una profunda convicción en el poder de ser propietario de una vivienda para generar riqueza generacional.

Graduada de la Escuela de Negocios de la Universidad DePaul con un título en Contabilidad y Finanzas, Tammy encontró su vocación en los préstamos hipotecarios: una combinación perfecta de números y personas. Desde 2005, ha ayudado a más de 2000 familias a obtener préstamos hipotecarios en todo el país y ahora asesora a agentes de préstamos modernos en todo Estados Unidos sobre cómo construir negocios hipotecarios sostenibles y prósperos.

En 2017, Tammy y su esposo reiniciaron sus carteras de bienes raíces e inversiones desde cero. Gracias a grandes sueños, trabajo incansable y una fe inquebrantable, reconstruyeron su éxito y ahora utilizan su trayectoria para inspirar a otros. Ahora, juntos, dirigen una empresa de consultoría y coaching matrimonial que ayuda a profesionales con una carrera profesional a construir un matrimonio de seis cifras, para que puedan vivir una vida plena y demostrando que la riqueza y la felicidad van de la mano cuando se construyen con intención.

Fiel creyente de que el éxito no se trata solo de negocios, sino de aventura y resistencia en todos los ámbitos de la vida, Tammy también ha completado tres triatlones, personificando la disciplina y la perseverancia que enseña.

Tammy Kim Hajjar Miller

Corea del Sur

RESILIENCIA

ANTONIO JOSE SARMIENTO

"Sé que suena a cliché, pero es muy cierto: sin buena salud nada importa".

Me gustaría que intentaras comprender un poco quién soy para entender mejor qué obstáculos superé personalmente para llegar a donde estoy y adónde planeo ir.

Mi historia comienza en Chicago, donde nací. Soy un hombre familiar y temeroso de Dios.

Soy de primera generación, ya que mi familia emigró a los EE. UU. desde Barranquilla, Colombia hace más de 50 años. Crecer en mi hogar fue muy similar a otras familias de inmigrantes con sus hijos nacido en Estados Unidos tratando de ayudarlos a navegar las costumbres estadounidenses. Me hace sonreír cuando pienso en ello porque veo como fue un privilegio nacer en este gran país con padres inmigrantes. Obtienes lo mejor de ambos mundos y, si tienes suerte, ¡aprendes más de un idioma!

Mi padre, Roberto Sarmiento, vino aquí con una licenciatura en ciencias y experiencia como microbiólogo en Colombia. Más tarde terminó su maestría y anheló un doctorado, pero eso nunca se consiguió. Trabajó en muchos hospitales de Chicago como microbiólogo. Era un gran trabajador. A veces tenía dos trabajos de tiempo completo para intentar traer dinero extra al hogar para ayudar con los gastos.

Mi madre, Humbelina y mi hermana Lissette, llegaron un año después de que mi padre tuviera un puesto estable y un lugar donde vivir para todos juntos. Mi madre llego con una educación hasta la preparatoria y trabajaba principalmente en una fábrica, pero aun así trabajó entre 40 y 50 horas a la semana durante la mayor parte de su vida antes de jubilarse. Cocinaba y limpiaba a diario y nos crió a mi hermana y a mí. Es una mujer increíble y fue como la columna vertebral de nuestra familia.

Nací un par de años después de que mi familia se mudara a los EE. UU. Mi mamá me dijo recientemente que cuando estaba embarazada de mí estaban de visita en Los Ángeles, California y estaban pensando en quedarse allí. Wow, mi vida habría sido muy diferente. ¡Me alegro de que hayan decidido no quedarse! Amo Chicago.

Mi familia tuvo muchas dificultades, como todos. Nos enfrentamos mucho racismo porque mis padres eligieron vivir en la zona norte de Chicago, que en aquella época estaba formada principalmente por un tipo de población. Se negaron ir a vivir en otra área. Trabajaron muy duro para asegurarse de que pudiéramos tener una vida estable y una buena educación.

A lo largo de los años comencé a notar que mi padre hablaba de una idea de negocio de exportación/importación que tenía. Quería dejar de trabajar 50-80 horas por semana para otra persona y empezar su propio negocio. Tenía ese fuego interior ardiendo por poseer algo propio. Creó varias empresas a lo largo de su vida, pero ninguna de ellas tuvo éxito. Siempre me decía: "Tener un trabajo y un sueldo constante es bueno, pero sería mejor si pudieras controlar tu propio futuro y tus ingresos". Nunca tuve el mismo sentimiento. Cuando tuve edad para trabajar lo único que quería era un trabajo estable. ¿Quién hubiera pensado que estaría donde estoy hoy siendo dueño de varios negocios? Sé que mi padre se habría sentido orgulloso.

Dicho esto, tener mi propio negocio no sucedió de la noche a la mañana y tuvo sus propios obstáculos. Después de graduarme de la escuela primaria, me diagnosticaron diabetes tipo 1. Eso fue un shock para mí, ya que tuve que intentar cambiar mis hábitos alimenticios y estar más activo, sin mencionar tomar de 4 a 6 inyecciones de insulina al día. Desafortunadamente, nunca escuché a mis médicos y familiares sobre cómo cuidarme mejor ni qué pasaría si no lo hiciera.

Mis padres hicieron todo lo posible para guiarme, pero trabajaban mucho para que pudiéramos tener más de lo que ellos tuvieron y yo comía lo que quería. Realmente no lo sabían. Así siguió y fue de que me afectó más mi salud después de la preparatoria. Durante mis veinte y treinta años, me sometí a tratamientos con láser para curar el sangrado en la parte posterior del ojo, algunos daños irreversibles a los nervios de los pies, daños renales que evolucionaron hasta convertirse en insuficiencia renal, y eso es solo por nombrar algunas condiciones. ¡Tengo una lista!

Cuando tenía veintitantos años comencé a trabajar para una pequeña, pero muy conocida empresa automotriz donde aprendí mucho más sobre negocios, sistemas, estructura, comunicación, marketing, etc. Durante mi tiempo allí me diagnosticaron una enfermedad en mis riñones. ¡Estaba horrorizado! Sin mencionar el efecto que tuvo en mi familia también. Después de varios años en esta empresa y de aprender a lidiar con esta grave enfermedad, además de mi diabetes, me encontré en una encrucijada en el trabajo. Tomé algunas malas decisiones con mi equipo que me metieron en problemas y también estaban haciendo algunos cambios importantes en mi puesto como Gerente de Desarrollo Comercial debido a su adquisición. Me dieron la opción de que me despidieran o de aceptar un puesto menor como vendedor, lo cual no quería hacer. Recuerda lo que dije antes, trabajo estable equivale a ingresos estables.

Mi esposa me había estado rogando que dejara ese trabajo durante varios años antes de llegar a esa encrucijada al ver cómo mi salud se deterioraba debido al estrés, las horas y mis malos hábitos alimenticios. Ella seguía diciéndome que debería tomar clases de bienes raíces y que sería excelente en eso. Yo no tenía ningún deseo de hacer eso. ¡Lo único que quería era ese cheque de pago estable! Dependíamos de ello. Terminé por no aceptar la oferta de mi empleador y me tomé un mes de descanso del trabajo en general para poner en orden mis ideas y pensamientos.

Una mañana me desperté y dije bueno, me inscribiré. Empecé a trabajar medio tiempo en otra empresa de automóviles mientras tomaba mis clases de bienes raíces. Cuando obtuve la licencia, decidí unirme a una agencia muy conocida con la idea de que tendría mucho apoyo. Después de que mi primer cliente cerrara la compra de su casa y yo recibiera mi primer cheque de comisión, dejé el trabajo a tiempo parcial que tenía y me centré a tiempo completo en mi nueva carrera inmobiliaria. Fue la segunda mejor decisión que he tomado en mi vida. Mientras lo hacía, tuve un pensamiento, recordé las palabras de mi padre sobre controlar mis ingresos. Curioso, ¿no?

Después de trabajar en una oficina de Century 21 durante aproximadamente 18 meses, hablé con mi pareja sobre la posibilidad de mudarme a otra empresa porque me tocaba una división (estructura salarial) y sentía que era demasiado baja para todo el esfuerzo y los resultados que estaba obteniendo. Nos entrevistamos con varias empresas, pero luego de hablar bien, decidimos abrir nuestra propia agencia de bienes raíces llamada 606

Brokers. Ambos teníamos experiencia en administración, yo tenía mucha experiencia en marketing y captación de clientes potenciales. Dijimos ¡hagámoslo!

Nos asociamos con otras dos personas con ideas similares y abrimos nuestras puertas al público. Mientras esto sucedía, mi salud seguía empeorando, pero a un ritmo más lento. Al principio tenía más control. Hice algunos cambios en mis hábitos alimentarios y en el ejercicio, pero no fue suficiente.

Un año después de nuestra apertura, uno de nuestros socios decidió ir en una dirección diferente mientras nosotros decidimos redoblar nuestro esfuerzo y poner todo lo que teníamos en el negocio. En ese momento, yo estaba entrando en la etapa 4 de la enfermedad renal y mi diabetes no estaba en control como debería haber sido debido a todo el tiempo y esfuerzo que estaba poniendo en la construcción de la empresa y el servicio a mis propios clientes.

Continuamos construyendo la oficina y nuestra marca mientras ayudábamos a nuestros propios clientes a realizar El Sueño Americano de ser propietario de una vivienda. Fue duro, pero no podía rendirme. Mi deseo de ayudar a los demás, construir mi propia empresa y lograr la libertad financiera eran mi prioridad. Debería haber sido mi salud. Lo sé ahora.

Varios meses después estaba entrando en la última etapa de la enfermedad renal. Mis riñones no funcionaban lo suficiente como para que yo pudiera concentrarme siquiera en leer un capítulo de un libro, y mucho menos en mi negocio y mi familia. Mis médicos decidieron que era hora de someterme a diálisis peritoneal. Básicamente, estaba conectado a una máquina durante 8 a 10 horas al día para reemplazar la función de mis riñones. No dejé que eso nos detuviera, continuamos construyendo la agencia, incluso nos tomamos varias vacaciones viajando con mi máquina de diálisis. Trataba de disfrutar la vida tanto como podía y trabajar lo más duro posible.

No me malinterpretes, todos los días tenía algún tipo de dolor, fatiga, confusión mental, etc. Pero tomé lo malo con lo bueno y estaba decidido a tener éxito y ayudarnos a lograr nuestras metas. Me pusieron en la lista de trasplantes del Northwestern Memorial Hospital y esperé poco más de cuatro años. Mientras todo esto sucedía mi tiempo en la máquina iba avanzando, lo que antes eran 8 horas ahora eran 12 o 13 horas diarias. Mi día consistía en desconectarme, ir al gimnasio, atender a mis clientes, ayudar en la oficina, volver a casa a comer y volver a conectarme. No era la mejor calidad de vida, pero sabía que era un puente hacia algo mejor. ¡Si Se Puede!

Durante todo esto mi padre falleció a finales de enero de 2018, fue duro para todos. Muchos cambios se venían en mi camino. El 2018 fue duro, pero una bendición al mismo tiempo. Poco después del fallecimiento de mi padre, recibí una llamada de Northwestern Medicine de que habían encontrado una compatibilidad de un donante fallecido no solo para un riñón, ¡sino también para un páncreas! Mientras seguíamos construyendo la agencia, comprando un edificio y rehabilitándolo todo, yo me preparaba para una operación quirúrgica que cambiaría mi vida para siempre. Mientras escribo esto, me detengo a recordar cuánto apoyo y amor tuve a mi alrededor durante todo esto.

Después de mi cirugía me desperté en lo que parecía una nave espacial tubular (supongo que me estaban haciendo una resonancia magnética) y tenía un dolor horrible con tubos en la garganta y cables conectados por todas partes. Después de varios días en UCI (Unidad de Cuidados Intensivos), me trasladaron a una habitación y después de un poco tiempo de recuperación me enviaron a casa después de dos semanas. En menos de 24 horas estaba de regreso en la sala de emergencias gritando de dolor, peor que antes. Después de algunas pruebas se dieron cuenta de que el páncreas que me habían trasplantado tenía pancreatitis. Eso llevó a una estancia de 11 semanas en el hospital, después de varias visitas a la UCI de ida y vuelta debido a hemorragias internas y otras complicaciones. Tenía mucho dolor y estaba exhausto. La recuperación que tuve que lograr para que me dieran el alta fue dura, pero lo conseguí.

Finalmente me dieron de alta y comencé a sentirme mejor. No volví a trabajar durante 6 o 7 meses porque tenía que curarme. Recuerdo haber pensado en lo bendecido que era por tener este *regalo*, porque eso era lo que eran mis nuevos órganos: *¡un regalo!* Alguien falleció y su familia decidió donar sus órganos y tejidos para salvar tantas vidas. Estoy muy agradecido y bendecido.

Mientras me recuperaba lentamente y volvía al mundo inmobiliario, ¡llegó COVID!

2020, wow, ya lo sabes. Allí estaba, todavía no al 100% con mi salud. ¿Qué hago? Entonces hice lo que pensé que era mejor: ¡Me quedé en casa! Al menos hasta que noté que a mis compañeros les estaba yendo muy bien. En contra del consejo de todos, me puse una mascarilla y guantes y salí. Convertí lo que quedaba de 2020 en el año más exitoso que había tenido hasta ese momento.

En nueve meses ayudé a 51 personas/familias a vender o comprar su casa. Teniendo en cuenta que no estaba al 100% saludable. Todavía tenía cosas saliendo de mis heridas e infecciones que limpiaba durante mi tiempo libre entre mis presentaciones, una locura, ¿verdad? ¡No quería parar! Como dije, no sé cómo... bueno, no lo sabía. Ahora lo sé. Con el paso del tiempo, me recuperé y continué construyendo la oficina y compré más propiedades. Mi negocio crecía con el tiempo.

Una noche, tras asistir a un evento sobre inversiones en Puerto Rico, decidimos dar el salto de nuevo y compramos una casa en Puerto Rico para convertirla en un negocio de Airbnb. Eso se ha convertido en un gran éxito, y planeo hacer crecer ese negocio en varias ubicaciones más de Airbnb.

Mis padres inmigrantes eligieron venir aquí para construir una vida mejor para nosotros y darnos a mi hermana y a mí la oportunidad de elegir nuestro camino. No sé dónde estaría sin su amor y apoyo. Ellos me enseñaron la diferencia entre trabajar duro, obtener un sueldo estable y trabajar por cuenta propia. Uno de mis libros favoritos es "Padre rico, Padre pobre". Mi padre y mi madre eran ambos. Es curioso cómo es la vida. Aprende de tus padres, hazles preguntas, tengo tantas que desearía haberle preguntado a mi padre antes de que falleciera. Ahora le hago preguntas a mi mamá todo el tiempo.

Estoy muy emocionado de seguir construyendo mientras priorizo mi salud. No he terminado de construir; esto es sólo el comienzo. Tengo varias metas que planeo alcanzar, pero ahora mismo estoy priorizando mi salud. Sé que suena a cliché, pero es muy cierto, sin buena salud nada importa.

Si tomas algo de mi historia, espero que sea poner la salud en primer lugar cuando buscas cualquier cosa en la vida. Todos tenemos obstáculos, lo que importa es cómo los afrontamos. Ahora estoy en un lugar mejor y agradezco contar con el apoyo de mi familia y amigos a quienes quiero mucho. Me gustaría agradecerles por su apoyo incondicional y también estoy muy agradecido a mis padres, que me inculcaron las raíces de la fe en Dios y que todo es posible con trabajo duro. Estaré eternamente agradecido.

CONSEJO PARA RIQUEZA + ÉXITO

- Cuida tu salud.
- Haz ejercicio al menos 3 veces por semana.
- Haz preguntas dondequiera que vayas. Mantente curioso.
- Encuentra un mentor en lo que te apasiona o en lo que quieres seguir como tu negocio.
- Toma riesgos; Infórmate antes de saltar, pero ¡ARRIESGATE!
- Vive dentro de tus posibilidades y ahorra dinero.
- Comienza tu planificación financiera con un profesional desde temprana edad.
- Mantente abierto al cambio, el cambio es bueno.
- ¡Descubre quién eres realmente y hazlo tuyo!

BIOGRAFÍA

Antonio Jose Sarmiento es un exitoso agente inmobiliario, inversionista inmobiliario y copropietario de 606 Brokers, una agencia de bienes raíces con sede en Chicago. Nació y creció en Chicago, Illinois. Hijo de padres inmigrantes trabajadores que llegaron a los Estados Unidos desde Barranquilla, Colombia. Le apasiona ayudar a las personas a lograr riqueza financiera a través del sector inmobiliario. Ha ayudado a cientos de personas y familias. Antonio lidera con confianza y con inteligencia para hacer las cosas.

Antonio también es propietario de un exitoso negocio de Airbnb en Aguadilla, Puerto Rico y posee propiedades en Chicago con planes continuos de poseer más alquileres vacacionales.

Es orgulloso padre de un hijo, que es mecánico de aviación naval. Un hermano cariñoso para su hermana Lissette y su cuñado Doug e hijo de su madre Humbelina Sarmiento. Tiene una fe inquebrantable en Dios.

También es un gran defensor de The Gift of Hope, una organización que ayuda a promover la donación de órganos y su importancia, ya que él mismo es un receptor de trasplante.

Le gusta ayudar a las personas con bienes raíces y espera con ansias lo que la vida les depara a él y a su familia.

Antonio Jose Sarmiento
Colombia

EL PODER DEL CAMBIO

ESTEFANIA ROA

"El éxito no se trata de evitar el fracaso, sino de aprender de las lecciones, reescribir la narrativa y demostrar que ningún sueño es inalcanzable."

Nací en México, en un hogar lleno de amor, calidez y ricas tradiciones que moldearon mis primeros años. Mis abuelos me criaron con cariño, brindándome estabilidad a pesar de las dificultades económicas. Mi infancia estuvo marcada por las tardes jugando en los patios, la alegría de las reuniones familiares y las historias que compartía mi abuela, inculcando en mí un profundo sentido de pertenencia a una familia y comunidad.

Los domingos en casa de mi abuela eran sagrados: la familia se reunía desde todos los rincones, llenando el hogar de risas y calidez. Mi abuela se dedicaba a la cocina, asegurándose de que todos se sintieran atendidos y satisfechos. El aroma de los platillos tradicionales impregnaba el aire, y estos momentos se convirtieron en la base de mi identidad cultural. Celebrábamos el Día de Muertos, las Posadas, teníamos noches mexicanas en el rancho de mis tíos y pasábamos las noches escuchando historias de fantasmas sobre haciendas abandonadas. Este fue el mundo en el que crecí, rico en herencia y unidad.

Sin embargo, mis primeros años también estuvieron marcados por una profunda pérdida. Mi madre me dejó con mis abuelos cuando tenía solo tres años, y durante muchos años no la vi. Su ausencia fue profundamente dolorosa. Anhelaba su presencia e imaginaba cómo sería tener una familia de verdad. Anhelaba un sentido de pertenencia, un hogar que me hiciera sentir completa. A los seis años, fui víctima de abuso, una experiencia que dejó profundas cicatrices y moldeó mi percepción del mundo. Este trauma me hizo sentir desconectada, lo que me impulsó a una búsqueda desesperada de amor y un lugar al que llamar hogar.

De adulta, cargué con el peso de ese dolor de maneras que no comprendí del todo en aquel momento. Moldeó mi autoestima, haciéndome creer que debía demostrar mi valor mediante la perfección y la superación personal. Afectó mis relaciones, llevándome a buscar validación en lugares donde el amor era condicional o dañino. Y durante años, alimentó una batalla interior entre el miedo a ser vulnerable y el profundo deseo de ser vista, escuchada y comprendida. Pero sanar es un largo camino, y he aprendido que mi pasado no me define. Mis experiencias me han dado resiliencia, empatía y una voz para defender a quienes se han sentido invisibles. Hoy, elijo romper el ciclo, liderar con fuerza y redefinir el verdadero significado del amor, el éxito y la autoestima.

DESAFÍOS DE LA INFANCIA Y RECHAZO TEMPRANO

Cuando tenía ocho años, mi vida dio un giro radical. Mi madre, a quien apenas conocía, decidió llevarme a Estados Unidos. La idea de reencontrarme con ella me llenaba de ilusión, pero también de incertidumbre. Mientras veía cómo el paisaje mexicano se desvanecía por la ventanilla del avión, me di cuenta de que estaba dejando atrás todo lo familiar para adentrarme en un mundo desconocido. Siendo una niña de ocho años, llegaba a un país donde no conocía a nadie, creyendo que mi madre sería mi refugio y que por fin estaríamos juntas. Pero en lugar de consuelo, me encontré ante un capítulo oscuro que me obligó a madurar mucho más allá de mi edad. Aprendí a estar aún más sola, y esto moldeó mi forma de abordar las relaciones cercanas a lo largo de mi vida.

Durante este tiempo, el único consuelo que encontré fue la cercanía con mis hermanos. Este período fue increíblemente difícil porque mi madre estaba consumida por su adicción al alcohol. No me mostró ningún cariño, y lidiar con su enfermedad a tan temprana edad fue increíblemente doloroso. Sufrí abuso físico, pero las cicatrices emocionales y mentales fueron aún más profundas. Mi infancia no fue una de inocencia ni guianza. No tenía a nadie con quien hablar ni a quién pedir consejo. A pesar de mi vida familiar, me esforcé por obtener buenas calificaciones. Me esforcé por aprender el idioma y presté atención al apoyo de maestros y otras personas que me decían que era inteligente y capaz. Sin embargo, no me sentía así. Mirando hacia atrás ahora, veo lo difícil que es para tantos niños lidiar con la presión de sentirse inadecuados y solos. No tenía aspiraciones, ni una idea clara de lo que me depararía el futuro. Pero la vida tiene una forma de conectar las cosas con el tiempo, e incluso en mis momentos más oscuros, mi camino se estaba forjando.

Llegar a Estados Unidos fue abrumador. Me enfrenté a la barrera del idioma, a diferencias culturales y a un entorno emocionalmente inestable. A diferencia de la seguridad que había conocido en México, la vida aquí me resultaba aislada. Añoraba la calidez del hogar de mi abuela, pero tuve que adaptarme a mi nueva realidad.

Mi vida familiar era complicada. Tras otra separación de mi madre, nuestro tan esperado reencuentro no cumplió con mis expectativas. En lugar del amor y la conexión que anhelaba, me encontré con una distancia emocional. A los doce años, busqué a mi padre, solo para experimentar otro rechazo ya que él negó su paternidad. Su familia también me rechazó, pero durante años me aferré a la idea de estar cerca de él. Me llevó tiempo aceptar y darme cuenta de que era él quien me estaba perdiendo, no al revés.

BATALLAS CON LA ADVERSIDAD

Después de conocer a mi padre y experimentar su rechazo, decidí quedarme en México unos años más, viviendo de nuevo con mis abuelos. Durante ese tiempo, asistí a la secundaria, pero me volví rebelde. Estaba enojada con el mundo, confundida y buscaba algo que llenara el vacío que llevaba dentro. En esa rebeldía, conocí a alguien que decía amarme. Desesperada por afecto, le creí.

Se convirtió en el padre de mi hijo. Cuando descubrí que estaba embarazada a los 14 años, esto se propagó como un virus, una epidemia de la que nadie quería estar cerca. Mis amigos desaparecieron, las oportunidades se esfumaron, y la escuela se convirtió en un lejano recuerdo. Nadie me ofreció orientación ni apoyo. Era como si mi vida ya hubiera sido declarada un fracaso antes de haber empezado.

A los quince años, me convertí en madre, una experiencia que transformó mi vida. El padre de mi hijo era cinco años mayor que yo. Sin darme cuenta, repetía patrones de abuso, alcoholismo y engaño. Aunque era joven y no estaba preparada, mi hijo se convirtió en mi ancla. Me dio un propósito, y su bienestar se convirtió en mi prioridad. Sin una educación completa, el camino por delante era difícil, pero estaba decidida a brindarle una vida mejor.

Después de separarme del padre de mi hijo, la responsabilidad de criarlo recayó completamente sobre mí. Sentía que repetía un ciclo que no sabía cómo romper. Lo único que sabía era que quería algo diferente para mi hijo. Quería un sentido de propósito que me impulsara a cambiar. Oré por una oportunidad, una que me permitiera crear una vida más allá de las circunstancias que habían definido mi pasado. La soledad y el rechazo que sufrí me llevaron por caminos difíciles. Tomé decisiones que perjudicaron mi bienestar, buscando consuelo en comportamientos autodestructivos. Al carecer de una figura paterna consistente y agobiada por mi pasado, luché por encontrar estabilidad.

RESCATE Y TRANSFORMACIÓN

En busca de estabilidad, trabajé en varios empleos, uno de ellos como cajera de banco. Este trabajo me brindó seguridad financiera y un nuevo rumbo. Sin embargo, mi vida dio un giro inesperado cuando mi padrastro me ofreció la oportunidad de rescatar un negocio en quiebra. La empresa estaba ahogada en deudas y sin contratos. A pesar de mi falta de experiencia en el sector, asumí el riesgo. El reto era enorme: me enfrenté a múltiples demandas, conflictos familiares y perdí amistades, pero cada obstáculo fortaleció mi resiliencia. Cada vez que tocaba fondo, tenía que reinventarme.

Hace tres años, enfrenté una de mis pruebas más difíciles: mi socio y yo nos separamos cuando compré sus acciones. Poco después, descubrí que había estado involucrado en conversaciones y planes secretos, apoyando a mi propio hermano en la creación de una empresa competidora en el mismo sector. Muchos a mi alrededor estaban al tanto de estas conversaciones, excepto yo, y las capas de engaño y verdades no dichas hicieron la situación aún más dolorosa. Mi propio hermano se unió a este esfuerzo, llevándose a mi mejor empleado de campo y convirtiéndolo en su socio. Esta era una realidad que tuve que aceptar: que cada uno tiene derecho a seguir su propio camino, que lo que hago no es exclusivamente mío y que incluso mi familia podría convertirse en mi competencia.

A pesar de la angustia y el dolor, aprendí una lección invaluable: aceptar mi lugar en la vida de las personas sin resentimiento ni ego. Hoy, estoy en paz y sinceramente les deseo éxito.

Para mí, la meta y el éxito nunca han consistido en dirigir una empresa con más de 30 empleados. No se ha tratado de rescatar un negocio en quiebra ni de dominar una industria compleja. No se mide por los millones que representa mi negocio. El éxito, para mí, se trata de cuántas vidas puedo impactar en el camino, cuántas veces puedo compartir mi historia para que alguien más pueda decir: "Si ella pudo, yo también".

Mi éxito reside en las nuevas generaciones llenas de posibilidades, en mirar a los ojos a aquellos en quienes nadie creía y verlos intentarlo a pesar de todo. El éxito, para mí, se trata de romper ciclos, barreras y ser la oveja negra de la familia. La que se atreve a desafiar las creencias, alejándose de los caminos tradicionales que han frustrado a generaciones enteras. Mi éxito radica en desintoxicar mentalidades obsoletas y crear nuevos legados familiares.

ÉXITO Y LIDERAZGO

Con el tiempo, el negocio en el que inicialmente me arriesgué comenzó a prosperar. Como mujer latina en una industria dominada por hombres, me enfrenté a la discriminación y al escepticismo. Aun así, perseveré. Hoy, soy la única mujer latina en Illinois que lidera un negocio de recubrimientos de acero estructural. Este logro es un testimonio del poder de la perseverancia y la capacidad de transformar la adversidad en oportunidad.

Sin embargo, el liderazgo es más que un simple título, es una responsabilidad. Significa asumir el peso de las decisiones que impactan no solo a mis empleados, sino también a sus familias y su futuro. Requiere dar ejemplo de integridad, resiliencia y visión. El liderazgo exige aprendizaje constante, humildad y la capacidad de inspirar a los demás incluso cuando el camino es incierto. Sigo creciendo para convertirme en la líder que aspiro a ser, y mi camino está lejos de terminar.

Todavía no estoy donde quiero estar; mis sueños son aún más grandes que yo. Sigo estableciendo nuevas metas que me desafían más allá de mis logros actuales. Aún quedan barreras por romper, límites por derribar y estereotipos por desmantelar. La industria de la construcción sigue siendo un espacio increíblemente difícil para las mujeres, especialmente para una latina como yo. Aquí, tenemos que demostrar el doble de valor, trabajar más duro y afirmar nuestro lugar en un entorno que nunca fue diseñado pensando en nosotras. Ascender al liderazgo en este campo significa desafiar mentalidades anticuadas, desafiar las normas arraigadas y abrir puertas para la próxima generación de mujeres que seguirán mis pasos.

A través de cada desafío, he aprendido que el éxito no se trata de evitar el fracaso, sino de afrontarlo de frente. El crecimiento requiere riesgos, resiliencia y la valentía de seguir adelante, incluso cuando las probabilidades parecen insuperables. Mi fe ha sido mi ancla en cada tormenta, recordándome que nunca estoy sola.

CONSEJOS PARA EL ÉXITO Y LA RIQUEZA

Consejos Empresariales para Nuevos Emprendedores:

Construir un negocio no se trata de saberlo todo desde el principio; se trata de tener la valentía de asumir riesgos, adaptarse y seguir adelante incluso cuando las probabilidades están en tu contra. Puedes enfrentar obstáculos financieros, traiciones, dudas o barreras del sector, pero cada desafío es una oportunidad para cambiar de rumbo, crecer y redefinir el éxito.

- **Apuesta por ti mismo:** la experiencia se construye sobre la marcha. Confía en tu capacidad para resolver problemas.
- **Lidera con integridad:** el verdadero éxito no se trata solo de las ganancias; se trata del impacto que generas.
- **Mantente firme ante las crisis:** Los negocios te pondrán a prueba, pero la resiliencia te diferenciará.
- **Rompe ciclos, no solo barreras:** Desafía las mentalidades obsoletas y crea un legado duradero.

Recuerda: "Tu mayor fortaleza es la resiliencia".

BIOGRAFÍA

Estefania Roa encarna la resiliencia, la determinación y el poder de la transformación. Nacida en México y criada en Estados Unidos, superó el abandono, las dificultades y los desafíos de ser madre a los 15 años. Desafiando las adversidades, se convirtió en propietaria y directora ejecutiva de L.B. Hall Fireproofing, revitalizando una empresa en quiebra y llevándola al éxito en una industria dominada por hombres.

Miembra fundadora de UNIDOS en Construcción, Estefanía aboga por la igualdad de oportunidades en la industria, a la vez que apoya a las comunidades locales. Apasionada por el empoderamiento de las mujeres, fundó la Fundación HOLA HAPPY, que ofrece mentoría, educación y desarrollo profesional a jóvenes madres solteras, ayudándolas a romper ciclos de inestabilidad financiera.

También es coautora de tres antologías de libros, y utiliza su historia para inspirar a mujeres que enfrentan la adversidad. Su influencia le ha valido numerosos reconocimientos, como el premio "Mujeres que Valen la Pena Seguir" de Diversity Journal, la lista de las 100 Mujeres que Conocer en Estados Unidos y el premio "Mujeres Destacadas en la Construcción" de la Construction Business Owner, entre muchos otros.

Como coach de vida certificada, Estefania defiende la inteligencia emocional, la fe y el liderazgo estratégico. Con sus tres hijos como su mayor motivación, continúa rompiendo barreras, asesorando a futuros líderes y demostrando que los inmigrantes no están limitados por sus circunstancias, sino por su capacidad de progresar.

Su trayectoria es un testimonio de perseverancia, empoderamiento y la convicción de que con fe, determinación y visión, todo es posible.

Estefania Roa
Mexico

SOBRE EL AUTOR

Guillermo Chávez-Angeles
Agente de State Farm | Emprendedor |
Inversionista inmobiliario | Líder comunitario

Guillermo Chávez-Angeles vive con fervor la expresión: "Cuanto más bien ofreces al mundo, más recibes a cambio". Incorpora su preocupación por la comunidad en su trabajo diario como exitoso agente de State Farm, empresario, inversionista inmobiliario y líder comunitario.

Encuentra una gran satisfacción al ayudar a los clientes a obtener la seguridad y protección que necesitan a través de State Farm Insurance, estableciendo relaciones a largo plazo con ellos para crecer juntos hacia un futuro brillante.

Guillermo ha trabajado como agente de State Farm por más de diez años. Su perspicacia empresarial lo llevó al éxito de su empresa actual, con un equipo dedicado de 12 asociados en dos ubicaciones (Elk Grove Village y Niles, Illinois). State Farm reconoció su compromiso con la excelencia y su impacto en la industria con sus prestigiosos reconocimientos Chairman's Circle y Ambassador Travel, otorgados a los mejores del 10% de la compañía.

Guillermo contribuye a su comunidad inmobiliaria e hispana como un líder dedicado en la Asociación Nacional de Profesionales Hispanos de Bienes Raíces (NAHREP), la organización empresarial latina más grande de Estados Unidos. Se desempeñó como presidente de la sección de DuPage en 2021. NAHREP se enfoca en educar, empoderar y cerrar la brecha de riqueza mediante la propiedad de vivienda asequible dentro de la comunidad hispana, y también promueve la acción política para garantizar la representación a nivel comunitario.

El compromiso de Guillermo con el aprendizaje continuo es clave para su éxito al trabajar con otros y crecer profesionalmente. Su mayor alegría proviene de viajar y pasar tiempo con su familia, sabiendo que su trabajo marca la diferencia para las personas a las que sirve.